「子どもが主語」の学校へようこそ！

元北海道小樽市立中学校長
森万喜子

教育開発研究所

はじめに

今から20年ほど前のこと、中学校で美術を教えていた私は、土曜日に同僚の先生と「コーチング」のワークショップに出かけました。仲のいい先生とランチして、そのあとでワークショップだったか、それともワークショップのあとでランチだったか、よく覚えていないのだけど、正直その研修会よりはランチしながら日々のいろいろをお喋りするほうが楽しみ、という感じで出かけました。当時はまだ管理職になるなんて考えも全く持っていませんでした。

コーチングは何度か受講していたので、リラックスして楽しく学べました。研修の終盤、自分の夢を紙に書いて、他の参加者とシェアするというワークがありました。そこだけは今でも鮮明に覚えています。

私は、自分の紙に「いい学校をつくる」って書いていました。

書いてから、「えっ、何でこんなこと書いちゃったかな……」と思ったのだけど、手にしているのは太字のサインペンで、消すわけにもいかず……。

他の参加者の方と交流タイムになり、他の人のお話を聞くにつけ、「そうそう！

私も海外旅行に行きたいって思ってたんだよ」とか「1年間有給もらって、絵を描いたり美術館に行ったりするのもいいな」とか「あのちらかった家の整理整頓と庭づくり、のほうがよかった」といろいろな思いが頭をめぐり、「なのに、なんで私はこんなことを書いてしまったんだろう……」とちょっぴり途方に暮れたのです。見栄を張ったわけでも、カッコつけたわけでもなく、手が動いてしまった、という感じでした。

でも、もしかしたら、学校が楽しそうではなくて休みがちなわが子のことや、当時担任していた学級で気になる生徒のことを思い出していたのかもしれません。

２０２３年の春に、私は、中学校を定年退職しました。最初に教員になった年、学校に行くのがつらい日もあり、やめたいな、と思ったこともありましたが、38年が経っていました。私は、前述のワークショップで「いい学校をつくる」とうっかり書いた数年後、教頭に昇任し、これまた苦労して7年間、教頭をつとめてからやっと校長になりました。校長は2校7年つとめました。

２０２３年10月に公表された、２０２２年度の全国不登校児童・生徒の数は30万人に迫り、これまでで最多と報道されています。

30万人……私が住む町の人口の約2・8倍。秋田県秋田市、東京都豊島区の人口に匹敵する数の子どもたちが学校に行けずにいる。または行くことをやめている。

とんでもないことになっている、とメディアはこのことを憂い、SNSでの投稿もたくさんされています。そして、原因を探そうとしています。何年も続いた新型コロナウイルスの影響とか、子どもたちや家庭の価値観が変わったとか、さまざまな意見があります。

私は学校に行かない、行けない状況は、子どもたちが学校というものに下した評価だと考えています。

学校に行くことで、自分が損なわれそう、誰も歓迎してくれていない気がする、自分の居場所がない、そして、誰も助けてくれないのなら、足は向かなくなる。リスクがあるかもしれない環境に足を踏み入れるのは、その危険を冒してでも行きたい魅力的な何かがあるから。ないなら行かない。お客が来なくなった店は、商品、店の雰囲気、接客を変えないと潰れる。学校がいつの間にか息苦しいところになっている。それでも我慢して通うほどのインセンティブは、なくなった。

だったら、学校が変わることでしか、解決策はないのではないか、と考えました。

そして、その変わり方はいたってシンプルでいいんじゃないでしょうか。

「子どものために」という思い込みのもとでやっていたこと、「子どもより大人主語」でやっていたさまざまなことを手放してみる。たとえば、学校だけのハウスルールをできるだけ取り払う。学校と学校の外の社会との段差をできるだけなくしていくことは、財政が厳しいとか、人が足りないといわれる状況でもできることでした。


中学校に長くつとめていて、ふり返ると私たちは、子どもたちに「命令文＋or」の言葉かけをしてきました。中学校1年で学ぶ「○○しなさい、さもなくば……」という構文です。勤勉でなければ社会に出たときにうまくいかないとか、提出物を期限を守って出せないと社会人として失格と言われる。そんな言葉を使って子どもたちに説教したものです。でも、忘れ物や遅刻が多かった子どもが10年後、20年後にどうなったか、追跡調査の結果を見たことがありません。

権威として生徒の前に君臨するのはやめてみよう。

子どもたちのことは子どもたちに聞いてみてはどうだろう。

学校と社会をフラットに。委ねる、任せる。私たちがやってきたのは、コストもかからないシンプルで小さな改善です。それを重ねることで、子どもたちだけじゃなく、学校の大人たちも少しずつ変わってきました。もちろん、理解し支えてくれた保護者、地域の方々の力も大きかったです。

「教育」を主語にすると、とても大きな話になって、「こうあるべき」が続いてしまいがちなのだけど、私たちが学校でできる「教育」とは、毎日子どもたちの顔を見て、精いっぱい手を伸ばして、手をつなぐ。肩に手を置いて、共感したり励ましたりする。そんな距離感の子どもたちを支援する、地道で小さな営みです。学校教育も家庭教育も本当にローカルでドメスティック。

特効薬なんてない。そばにいて、家族でもない私たち大人が、あなたを大切に思っているんだよ、と伝え続けたい。そんなふうに誰かに慈しまれた思い出を抱えてタンポポの綿毛のように、彼らは世界のどこかに飛び立つことができるんじゃないか。

そんな思いで、進んできた学校の話です。

ちいさなちいさな種が、土に落ちてやがて芽吹くように、子どもが主語の学校が増えてくれたら、と願っています。

森万喜子

第3章 ゆるっと放牧な学校のつくりかた 60

第4章 「べき」の鎧を脱ごう 112

第5章 放牧マネジメント——職員とともに学校をつくる 140

第1章

学校は、今、息苦しくないですか

学校を安心して学び生活できる場所に

「予測不可能な未来」という言葉は、しばらく前から学校現場でもよく聞くようになりました。アメリカの研究者、キャシー・デビッドソンの有名な言葉、「２０１１年度にアメリカの小学校に入学した子どもたちの65％は、大学卒業時に今は存在していない職業に就くだろう」が当時衝撃的でした。

考えてみると、２０１１年度に小学校に入学した子どもたちは、２０２３年に22歳、まさに大学を卒業しようとしている頃です。彼らの半数は12年前には存在していなかった仕事に就くことになったのでしょうか。結果が知りたいと思いますが、詳細な調査を待つまでもなく、かつてあったけど今はなくなった仕事、新しく生まれた仕事が多くあることを肌で感じます。

自分の周りを見ても、ＩＣＴ、デジタル関係の仕事はもちろんのこと、そのほかにも、ネイリストやペットの洋服を販売している店だって、50年前は存在していませんでした。お年寄の介護関係のサービス施設も今よりずっと少なかったです。自動運転の車、スマートフォンなど、私たちが子どもの頃はＳＦ映画のなかでしか存在しなかったものが日常にあふれているのはすごいことだと、改めて思いますし、社会が変化するスピードは、これからもっともっと早くなるのでしょう。

予測不可能といえば、私が子どもの頃は、学校の先生のなり手がいないなどということは考えられませんでした。学校の先生は憧れの仕事でした。公務員は安定した職業で男女の給与格差も少なく、長い期間働くことができ、将来自立できる職業だと、とくに女子にとっては魅力的な仕事だと思われていました。

子どもたちが将来就きたい仕事も教育関係が多かったように記憶しています。学校の先生に限らず、ピアノの先生、バレエの先生、お習字の先生など、教える仕事に対する憧れが強かった時代でした。私自身、教員養成系の大学を卒業しても教員になれず、時間講師や産休代替教員の働き口がないかと探していたものです。自分の実家が自営業で、経済的にしんどい時期も見ていたので、やはり経済的に自立することを求めました。

模擬試験のつもりで受験した千葉県の教員採用試験に合格したので、「東京も近いし、休日に美術館などにも行けるな……」という甘い見通しで見知らぬ土地で教員生活をスタートさせました。苦労もたくさんしましたが、この仕事のよさも実感でき、それからずっと教職を続けました。

それが今、多くの自治体、学校で教員が足りません。時間講師や臨時的任用教員の配置が必要となった場合、教育委員会だけでなく学校管理職も人探しに奔走します。また、せっかく正規採用になっても、心身に不調をきたしたり、希望を失って退職してしまう教員が多いことも周知の事実となりました。昭和の時代、憧れだった教師という仕事が「ブラック」と表現され、人から敬遠されるようになってしまいました。

もしも、自分の子どもが就職先を選ぶとき、長時間勤務で休みをとることもできず、健康を害して病み倒れる人が多い、そんな仕事を選ぼうとしたら、親や家族が「本当に大丈夫なの？　無理してそんな仕事に就かなくてもいいんじゃないの？」と言いたくなる気持ちもわかります。

一方、子どもたちに目を転じてみると、不登校は毎年最多を更新しています。私は、不登校という状態は、子どもたちによる学校評価だと考えています。今まで、不登校の児童・生徒については「登校したくても心身の不調や不安で登校できない」、または「基本的生活習慣が形成されていない」「人間関係の問題」「学力不振」「家庭環境等の問題」などの要因で語られることが多かったのです。

それらの理由づけも、子どもたちが自己申告したわけではなく、学校がカテゴリー分けしたものですから、本当の理由が見えにくくなっていました。「昔は不登校なんてなかった」「今の子どもたちは弱い」などと、学校に行かない子ども自身の心身の状況、または家庭の問題とされてきたことも多く、根本的な解決に至らないまま今まできてしまったのではないでしょうか。

私が中学生たちを見ていて思うのは、学校に自分の心理的にも物理的にも居場所があり、理解者がいて、安心安全で自由な空間があれば学校に来て学び生活することはできるんだろうな、ということです。

でも、それを阻害するものがあるので来ることができない。学校に来たら自分らしさが損なわれる。自分がいることを喜んでくれる人がいない。つらいことが多い。そんな場所に毎日通うのは無理と、心と身体が悲鳴をあげる。

「向こうに野原がある。みんなその野原に出かけるけど、そこには毒蛇がいる。大人は『みんな行けているんだから、大丈夫だって』と言うけど、僕は怖くて足がすくむ。行きたくない」――それは正常な反応です。そこに行けないあなたが変なんじゃない。安全な野原をつくらなくちゃいけないのは大人の仕事なのです。

学校で、児童・生徒も、教職員も息苦しさを抱えていて、抜本的な改善をしないまま走り続けている状況を変えない限り、学校はもうもたなくなります。

学校の働き方改革の話をするときに想起するのは、ゴム風船をふくらませる作業のこと。新しいゴム風船をふくらませるのって、なかなか大変です。渾身の力をこめて息を吹き込む。少し息が入って小さな風船のふくらみができれば、あとは順調にふくらませることができます。

一度ふくらませた風船の空気を抜き、二度目三度目にふくらませると、最初よりはうんと簡単にふくらんでくれます。そうすると、もっと息を吹き込んで、もう少し大きくしよう、まだ大丈夫かな、もう少し……とより大きくふくらませようとする。そして、風船は破裂します。破裂した風船は修理して使うことが不可能です。新しい風船を用意して、今度はどのくらいまで空気を入れるのがよいか考えながら、ふくらませていかなくてはなりません。

学校は、「もうちょっと、まだまだいけるかも」と考えて破裂寸前まで空気を入れている状態ではないでしょうか。

「去年と同じ」は後退だ、と誰かが言うと、去年のものにプラスワン、と考える。でも、それが危険なのです。去年のものから、なくなっても誰も困らないものを減じていけばいいのに、なかなかそこが苦手なのです。学校というところは。

こんな状況のなかにあっても、希望をもって教職に就く若い人たちがいます。けれども、彼らに伴走し、相談に乗り、子どもたちの見方や指導観を示してくれる先輩が、忙しすぎて職場のなかでのＯＪＴができなくなっている現実もあります。わからなくても、「教えてください」と言いにくい。困っていても「困っています」と声を上げられずに孤立していく若い先生方がいます。

古い風船に限界まで空気を入れるのは、もうやめたほうがいいでしょう。学校が大人も子どもたちも元気で、自分らしさを発揮しながら安心して学び生活できる場所になってほしいと願います。

昔読んだ小説で、先生が学生に、「教育はチャンスなんだよ〝Education is a chance.〟」と告げるシーンがありました。貧困や虐待、友人たちとの不和など、今自分が置かれている環境から抜け出したいなら、学ぶことだ、と。教育は誰もが手に入れられるチャンスなのだから。

公立学校こそ変わらなくては

多様性が認められる時代になりました。だけど、学校がどのくらい多様性に対応できているかというと、正直まだまだだと感じます。

学校のきまりひとつとっても、「こんなことで何時間も?」と驚くくらい、職員会議で議論に時間を費やします。何時間も議論したけど結局以前と変わらなかった、なんてこともよくあります。

たとえば、帰国子女の転校生が来ました。英語圏で生活していた子にしてみれば、日本の中学校1年生の英語の授業は簡単すぎます。この授業時間に、自分のレベルにあった英語の図書を使ってもいいかどうか。

あるいは、ノートをとるのに非常に時間がかかる生徒がいます。板書を書き写すことに追われて教師の話を聞く余裕がありません。板書を書き写さずにタブレット等で写真をとってもいいかどうか。学校全体で行っている家庭学習の課題、1日1ページ以上ノートに書くこととされているけど、「書く」勉強でなくてもいいかどうか。

そんな相談があった場合、相談を受けた担任がその場で即答できず「校内で相談しますので」となって、議論になります。「評価」はどうするとか、「他の生徒に理解を得られるか」とか、「公平なのか」とか、心配の種をいろいろ持ち寄って議論します。

さすがに、今は個別最適化、GIGAスクール構想による1人1台端末があるので、ここにあげたような困りごとはすぐに解決するはずですが、実際はどうでしょう。学校は、過度に「平等」「公平」にこだわるあまり、時間がかかりすぎることはないでしょうか。平等と公平の主語は子どもですか。もしかして、子どもたちに「なぜ?」「わたしもやりたい」と言われて困るなあ、と自分が主語になっていないでしょうか。

家庭での学び方まであれこれ決める必要はない、と私は考えます。さらに家庭学習を学校で点検する必要もないと考えます。自分で考えてやってみることから始めたらいいのです。

以前、こんな記事を書きました。

新聞の子どもお悩み相談に、児童会選挙にまつわる悩みが投稿されていた。投稿者の学級からAさんが立候補し、担任は「みんなで応援してあげよう」と言うが、投稿者は隣のクラスのBさんがふわさいいと思いBさんに投票。後日担任が「この学級でAさんに投票しなかった人がいて残念」という話をし、その子は心が晴れない…という内容だ。

この光景、既視感ありませんか?

「学校は社会の縮図」であるはずなのに、社会では通用しないようなことが学校ではよく起きる。生徒会選挙もその一つ。先のお悩み相談にあるように、学級から立候補した生徒に投票するべきと教師が指導しちゃうケースは多い。他にも、教師の目から見て課題があるような生徒が立候補したら、後で教師に呼び出されて説得されたとか、同じ学級から同ポストに対立候補が出ないように調整するなど、枚挙にいとまがない。

「なんで学級から立候補した人に投票しなくちゃだめなの？」「だってみんなのために嫌な仕事を引き受けてくれたんだから」「選挙って嫌なことなの？　大人は当選したら万歳して喜んでいるよ」「大人は当選したらお金も名誉も手にするでしょう」「ええーっ？　大人ってそのために選挙に出るの？」と大人が答えるたびに泥沼にはまりそうな会話を想像してしまう、突っ込みどころ満載の児童会・生徒会選挙。（以下略）

「管理職の独り言」『日本教育新聞』2022年3月7日付け

学校が社会とつながっているのなら、こんな「組織票は大事」と言外に教えるような指導はあるべきではないし、生徒会役員に教員の使い走り程度の仕事しか与えず、決定権は教員が握っているなかで、意見も改善案も出ない生徒総会をやらせて「民主的な運営ごっこ」をさせるのも罪なことだと気づきます。

つまり、学校に長い間あった「不都合な真実」をひとつひとつ見直して適切に直していかないと。そんな地道な作業をひとつひとつやっていかなくてはならないでしょう。本当は誰だってもう、気づいているはずなのです。

今、新しいタイプの学びを追及する私立の学校、フリースクールなどのオルタナティヴスクールが設立され、注目されています。特色ある学びの内容に魅力を感じます。今の学校にフィットできずにつらい思いをしていた子どもたちにとっては、その子の特性や才能に合わせた学びが可能になる機会が得られることはとてもすてきなことです。

だけどね、お金、かかるよね。遠いところにある学校だよね、ということも、頭に浮かびます。月に4、5万円だとしても、そのお金を学費に充てられない家庭だってたくさんあるでしょう。

だから私は、公立の学校、公教育が懐深く、多様な子どもたちに対応できる、そんな学校に変わっていくことを望むのです。公立の学校こそ、社会の縮図。さまざまな子どもたちがいて、その子たちがともに生きていく場なのですから。

私が中学生によく言う話です。

「君たちはこの学校に来たくてここを選んできたわけじゃない。この地域に住んでいたから、この学校に入学させよ、と君たちの親御さんは自治体から言われて、それで入学させたわけ。友だちだって、たまたま同じ年度に生まれた子どもたちが入学してきたわけです。学級だって、1学級に収まらないので、いくつかの学級に分けてクラスをつくったの。大人の都合の『たまたま』の連続でここにいるわけね。

たとえていえば、私たちは、どこか目的地に向かうために乗った電車の同じ車輌に乗り合わせた乗客同士です。それぞれが行きたい場所に到着することが目的で、この列車に乗り続けることが目的ではない。だからみんなで心をひとつにしようとか、団結せよとか声高に言うのはちょっと違う。まあ、何かの偶然で同じ車両に乗り合わせた者同士だから、不愉快な思いをしたりさせたりしないように配慮して旅をしようじゃないか——。」

学校とは、こういう場だと考えています。

これは工藤勇一校長（元東京都千代田区立麹町中学校長／横浜創英中学校・高等学校長）もよく言われていることなんですが、伝統的に「みんな仲よく」とか「協力」とか「団結」と言ってしまうことが、同調圧力になって、自由にものが言えなくなったり、声の大きい人に従うムードができてしまうことにつながったりします。

そんなふうに、場の空気に特定の「色」みたいなものがついてしまうと、自由じゃなくなります。人の目を気にして本当の自分を出せなくなります。人として誰もが持っていて尊重される自由を互いに認め合える、寛容であったかい、そんな公教育をどこでも受けられるようにしたいと考えています。

「学校」の役割って何だろう。

これもいろいろな考え方があるのでしょうが、私は、親でも家族でもない大人から大事に思われる、自分以外の人と直に触れ合い学び合う楽しさとか尊さを実感できる場所であることだと思います。資質・能力を身につけるということを軽視するわけではないけど、まずは受容してもらえる安心な場所でありたいのです。

「子どもたちのために」は本当に「子どもたちのため」？

「子どもが主語の学校」という言葉は、私の記憶では木村泰子さん（大阪市立大空小学校初代校長）が言われていたように記憶しています。言われて「はっ」とする言葉です。

長いあいだ、私たちは学校のなかで「子どもたちのために」といろいろなことをしたり、子どもたちにさせたりしてきました。教育政策もその時々で変化します。学習指導要領が改訂され、大きな変化がそのつどありましたが、学びについても学校のことについても、私たち学校の大人は子どもたちに尋ねることをしないで来てしまったことが多すぎます。カリキュラム編成にしても、授業で扱う題材にしても、教員が自分の「思い込み」でやってしまったことが多かったのではないか、と。

大人はつい「命令文＋or」と「命令文＋and」で子どもに語ります。初歩の英語学習に登場する構文です。「〇〇しなさい。さもなくばこんなめにあうよ」「〇〇しなさい、そうしたらこうなるから」。自分も使っていました。「いい子にしてないとサンタさん来ないよ」から始まり、「毎日計画的に家庭学習しないと受験に受からないからね」「時間を守れないと社会に出てから苦労するよ」とか、「おまえは預言者かい？」っていうように偉そうなことを言っていました。

でも、それが本当かどうか、言っている大人も確信はありません。「なんで？」「ほんとうに？」「絶対にそれ正しいの？」って聞かれたら、返事に困ることが多いのです。そして、命令に従うことは、自分の頭を使うことではないから、子どもは学びからどんどん遠ざかっていきます。

私が最後に勤務した中学校では、学校行事も生徒に委ねる機会を増やしました。大人は、ゴールのイメージだけは明確にしますが、できるだけ口を出しません。担当の職員は、ときおり生徒に問いかけたりするけれど、基本は話し合いをベースに彼らに決めさせていました。

生徒は任せられたらいつも以上によく考えて、熱心に取り組みますし、多少の失敗があっても修正案を出しながらやり遂げます。できたことに自信を持ち、他者の成果を認め賞賛する。

つまりこれは、望ましい「学び」の姿だと考えました。大人の指示どおり動く、号令一下行動することで、大人の満足度は高まるかもしれないけれど、子どもが主語になっているわけではないのです。子どもが主語の学校では、子どもたちは自分のよさ、他人のよさに気づき、自分も人も好きになる。大事にされたり大事にしたり、そんな場をつくりたかったのです。

子どもが主語の学校は、子どもたちの場所です。何ができるとかできないとか、そういうことは関係なく、あなたがこの世にいて、この学校の生徒で、目の前にいてくれてすごくうれしい。ここで学んで、生活して、人を助けたり助けてもらったりしながら、自分の幸せを自分でつかめる、そんな人になってほしいのです。ここは、ここで学ぶ子どもたちの場所なのです。

学びは「苦」じゃないと気づける学校に

学校を卒業して、もう学生じゃなくなっても、あらゆる機会にあらゆる場所で主体的に学ぶことを生涯学習というのですが、大人になっても「学ぼう！」って思えるためには、「学ぶって楽しいよね」という刷り込みや経験が必要です。

ですが、学校でも家庭でも「勉強はつらく苦しいものだが、一生懸命取り組まなければならないものだ。ちゃんと勉強しておかないと、あとあと苦労するからな」と見事に「命令文＋or」文脈で語られちゃうことが多いです。勉強すなわち「修行」みたいな感じです。

子どもの頃に「絵が下手だね」と笑われた経験のある人が大人になって美術館に足を運び、絵画教室に通ったりするでしょうか。体育の時間に運動が苦手で人に笑われた経験のある人が、仕事が終わってからスポーツジムに通うでしょうか。

学校とは、大人になっても学び続ける人になるための種をまく場所でもあるのです。ちなみに私は体育で逆上がりができない、マット運動で逆立ちができない、できないことばっかりだから、今もスポーツは観戦するのも苦手です。

学校って、「〇〇ができるようにする」ということを目標にして、できるようになることに躍起になりますが、本当は「楽しかった」ことのほうが、学びに向かう意欲の持続時間が長いのです。私はこれを「意欲の賞味期限」と名づけています。鬼の形相で子どもを鍛えなくてもいいのです。「学ぶって楽しいもんだ」という体験をさせて世の中に送り出せたらいいなと思います。

「子どもが主語の学校」では、大人のメンツや大人の都合で大声で叱られたりしません。失敗したとき、「そっかぁ。でもよかったよね、今学ぶことができて」と言われます。

学校の大人たちは「誰か困ってない？」と考えます。

大人が喋る前に子どもの話を聞きます。

子どもたちが困ったときに、的確なアドバイスはするけれど、先回りはしません。つまり、安心して失敗できる、安心して学び、生活し、大人も子どももともに成長する場です。そんな学校を、教職員と一緒につくってきました。

公立でも、経済的にたいへんな自治体にある学校でも、シンプルに本質を考えて、つくることができます。マインドを変えるのに、お金はかからないというのが、とっても助かります。何かを始めるにも「お金がない」と言われ続けてきた公立学校で、お金がかからなくてもできるってチャレンジしやすいですよ。

第2章

子どもが主語の学校って

「文化」という言葉が都合よく使われる学校

学校文化とか学校の風土という言葉を耳にすることがあります。この、「〇〇は文化」という言葉はなかなか曲者です。不文律とか風習とか、とにかく「そういうもんだから。そう簡単には変わらないんだって」というニュアンスが、「文化」とか「風土」という言葉で表されることが多いような気がします。

「文化」や「風土」と言われると、そこを深掘りしようとか、明らかにしてやろうという意欲がそがれてしまいがちになります。「わざわざ土を掘り返して、波風立てたっていいことないよ。そんなことをして、誰が幸せになるの？　あなたひとりの思い込みや思いつきで、困る人がいっぱい出るんじゃないの」という、圧のかかった忠告のように感じることもあります。

だけど、そこであきらめると、事態は変わらないかもしれません。だから私は圧に負けずに進みました。

私が20代後半で文化祭担当になったとき、前年度までのプログラムを変更しようと提案したことがありました。ベテランの先生方から変えることに対する反対意見がいくつも出て、最後に「あんたは来たばかりでわからないだろうけど、この学校の伝統ってものがある」と職員会議で言われ「伝統ですか？　見方によっては悪癖とも言えますが」と返してしまい、かなり痛い目にあったことを思い出しました（「よい子はまねをしないでね」レベルの痛い目です）。


そもそもなぜ学校を変える必要があるの？　今までのままで困ることなくやってきたでしょう？と言われたことがあったような気もします。が、「今のままで困らない」のは、たいていの場合、学校のなかの大人です。子どもたちに「不都合や改善点は？」と誰も尋ねません。「学校の主役は子どもたち」と言っている割に、子どもたちには聞いていないことがたくさんあります。

学びの場が学校だけで完結しないようにし、将来子どもたちが出ていく「社会」というフィールドとの段差・隔たりはできるだけ少ないほうがいい。だから学校でしか通じないことは少ないほうがいいと考えています。わざわざ、近い将来に出ていく社会というフィールドとの間にバリアをつくるほうが、不自然で、無駄な手間がかかっているのではないか……と思います。

でも、私たちは今までもこういうことをやってきてしまいました。小学6年生は小学校のなかで最上級生として扱われ、「下級生の見本となるお兄さん、お姉さん」とか「学校の顔」のように小学校の先生方に頼られていたのに、中学校に入学すると、中学校の先生たちはこう言うのです。「ここは中学校です。いつまでも小学生気分じゃ困るよ」「まだまだ小学7年生ですね。その行動は全然中学生になっていないよね」と。子どもたちは、先月まで最上級生として賞賛されていたのに、4月になって上級学校に行ったら未熟者扱いをされ、そこの「文化」に染まることを求められる。

どの学校でも、もしかしたら会社でも同じようなことが行われているのかもしれません。「うち（組織）の一員になったからには、過去のことはリセットして、うちのやり方、うちの価値観・評価軸に従っていただきましょう」と。

学校は、「あなたの色に染まります」「郷に入っては郷に従え」という人をつくる機関になってしまっていないかしら。「多様性を認め」と言いながら、画一を強いる、つじつまのあわない場所に。

困るのは、その上級学校の「文化」について明確に根拠を説明されたり、納得のいく答えをもらい腹落ちして前に進むということはなく、子どもに対して、学校がつくった価値にフィットするよう努力することが求められることです。

このあたり、昭和の高度経済成長期の人材育成を担っていた「学校」の匂いをまだ引きずっていると感じます。いわゆる工業化社会にとどまっているのです。自己主張より集団に合わせることが大事。みんなと同じことを同じ速さ、同じ正確さでできる人が価値があるとされた時代のマインドが、まだ学校のなかに漂っているのではないでしょうか。根拠や出典や実体が不明なものに「文化」としてしがみつくのはやめて、ゼロベースで見直すことが必要だと考えるのです。

前例踏襲を壊すことはできるのか

私は自己紹介の特技の欄に「前例踏襲の破壊　同調圧力の無視」と記載し、笑いをとっているのですが、これはあながち誇張ではなく、若いときからの性分だったように感じています。

私は、大学は教員養成課程の美術科、それも教員養成というよりはアーティスト育成寄りの学科に入学しました。大学の教育学部ではあるものの、教員になるよりは制作する人、アーティスト志向の強い、専門家になりたい、ゆえにアクの強い若者が集まる学科でした。

そこでは、基礎的なデッサン力や知識を持っているのはもちろん、誰かの真似じゃないその人なりの表現をすることが求められます。自分の好きな画家の画風の影響を受けた絵を描くと、先輩や同期から「ふーん、セザンヌ好きなのね」とか「いまだに印象派ですかー」などとバッサリ言われる。

若いときって、自意識と自己顕示欲ばかり強くて他者にはきつい、そんな残酷さがあって、とにかく誰かに似た人じゃなくて誰でもない自分を、作品にも、自己表現にも出さなくちゃならない。そんな空気がありました。何かのカテゴリーに属して「安心していよう」なんて、あまりカッコよくないと思い込んでいる、尖った、面倒くさい若者の集まりで過ごしていたのです。

そんな人たちも、教育実習に行き（当時のその大学では教員免許をとらずに卒業することは認められなかったので、全員が教育実習に行くのでした）、そこで見た学校という閉じた社会に反発心を持つわけです。「自分が理想としている学びの場と全然違う」って。

でも、当時はそんなに景気のよい時代でもなかったのか、景気がよくても民間企業は私たちのような学生を欲しいとは思わなかったのか、多くの同期の仲間が教員になりました。もちろん、すぐに辞めてしまった人やクリエイターに転向した人もいますけど。

私自身は、「子どもの頃から学校の先生になりたかったのです」という人ではありませんでした。好きな絵を描いて生きていけたらいいな、でも、現実的には食い扶持を稼ぐ必要もある。だったら、自分の好きなアートのおもしろさを伝えながら、物をつくったり描いたりすることと全く無関係の仕事でもない美術の先生もいいかな……

と感じ始めました。「でもしか教師」という古い言葉がありますが、そこまでネガティブではなく、妥協の産物的な進路選択。もちろん、実際に学校という組織に入っていくと、思っていたことと違いすぎて愕然《がくぜん》とすることもたくさんでしたけど。

大学時代は、そんな変わり者の集まりのなかで育ったので、就職した「学校」というところの「今までこうやってきたので」「あなたは知らないだろうけど、学校はこうです」「ここは学校だから早くなじんでください」のすべてに従順になれるわけもなく、かといって正面切って戦っても勝つ見込みは薄いので、日々出会う出来事に巻き込まれたり、疑問を持ったり憤ったり、もちろん楽しかったり幸せな気持ちになることもありながら教員生活を送ってきました。

長いものに巻かれないタイプの人間だからときどきぶつかることもありましたが、孤立することもなく勤務することができたのは、おもしろいことが好き、人と話すことが好き、そして、学校の職員室にいる先生方って、個性豊かで比較的善人という属性の人だった。そんな環境に恵まれてやってこれました。ありがたいことです。

「オフィシャル・おせっかい」で教頭職を楽しむ

管理職になってからは、自分の守備範囲も広くなります。仕事量も多く、大変なのですが、守備範囲を広げて生徒や保護者や教職員にかかわることができます。

私は「オフィシャル・おせっかい」と表現することがありますが、それまで学年主任だったらせいぜい自分の学年のことにしか口を出せなかったのが、他学年で困っている生徒がいるようだ、保護者が悩んでいる、先生の元気がないなどなどの「困り感」を察知して、相談に乗ったり、レスキューすることができます。

校長になってよく口に出していた「誰か困ってない？」が、当時も頭の中にありました。困っている人がいれば近づいて、なんとか力を貸せないか、と考えるおせっかいです。

教職員がもっとも困ったと感じることのひとつが、保護者からのクレーム対応です。けれども、学校や教職員にとって厳しい意見を言ってくる保護者の方は、困っている、そして学校にも変わってほしいと願っている前向きな方です。

そんな保護者の方の話を教頭として、丁寧に聞き、「学校も家族も、この子の幸せと自立を願ってやっている教育活動、お互い協力して、力合わせて一緒に育てていこうよ」と話し、理解していただくことが重要だと思います。

保護者と学校が対立することで、つらい思いをするのは子どもたち。保護者対学校と対立構造に陥りそうになる場面で、そうならないようにファシリテーションするのが私の役割。しっかり聞く、ちゃんと伝える。そんなことを何度もくり返すうちに、教職員と対立することなく、チームビルディングが自然にできるようになりました。

「教職員と対立」と書いたのは、当時の北海道は、現在とは異なり、管理職と職員団体との対立構造がとても厳しかった時代だったのです。そんななかで、「上司の顔」だけで対応してもうまくいくわけはありません。

だから、初めから「管理職は敵だ」と思い込み、何に対しても反発するような、むずかしい職員や、「子どもを人質にとられている」と学校を敵視しがちな保護者には「立場ではなくて『こころざし』で語りませんか。子どものためにどうしたらいいのかを一緒に考えて行動しませんか。ゴールは子どたちが幸せに学び生活することですよね。同じ目標を持った人がなぜ、対立するの?」と話しました。

もちろん、ときには悔しい思いやつらいこともたくさんありましたけど、でも辞めたいとも思わず、体調を崩すわけでもなく、日々勃発する出来事に対応していました。まあ、エキサイティングな日々でした。

前例踏襲や同調圧力を見直すのは、(もちろん全部変える必要があるわけでないものもありますから、「変えること」自体を目的にしてはいけません)「これを通してどんな目的を達成しようとしているの」というそもそもを問うこと、そしてそのゴールを共有することからスタートします。

私が出会った学校の先生は多くが善良な人で、目の前の子どもたちのことをなんとかしようと真剣に考えている人がほとんどでした。

ただ、教育の弱点は、自分が受けてきた教育を再現してしまいがちだということ。そのため、それぞれの教職員が持っている生徒観・指導観に個人差が出ます。そして、往々にして職員室の「声の大きい人」の主張が学校の方向性を決めていくという傾向も見られます。教職員には優しい人が多いので、あえて職員室内に対立を持ち込むような行動を控える傾向があります。

ですから学校が方向を間違えないためには、リーダーが適切に方向性を示し、途中のフォローアップをしながらチームでゴールに達することです。私は7年間3つの学校で教頭を務めましたが、教頭時代にたくさんのことを学び、鍛えられ、どんな学校をつくりたいのかというはっきりしたイメージを持てたこと、一緒にがんばる仲間をたくさん得られたことが何よりの宝です。

野口芳宏先生の名言カレンダーのなかにある「なぜか、本当か、正しいか。」という言葉。これは批判的に文章を読むときのキーワードなのですが、学校の活動のひとつひとつを今まではこうだと決めつけているけれど、一度横に置いといて、一から見直す、つまりアンラーン（学び直し・学びほぐし）するために役に立つ、貴重な言葉として大切にしています。

勤務した学校では、実はお金などの大きなリソースを必要とするドラスティックな変革は何一つしていません。そもそも経済的なリソースがないので、「なぜか、本当か、正しいか。」、つまり「なぜ、その取り組みをするの？　それは子どもたちの学びと育ちに寄与しているの？　それは、人を納得させる説明ができるものなの？　多くの人、つまり生徒や地域・保護者に理解・応援してもらえて、持続可能なものですか？」という問いをくり返し、マイナーチェンジをくり返していったに過ぎないのです。

学校の謎ルールも「なぜ？　本当？　正しいの？」で見直す

学校というところは、本当に謎のルールが多い場所です。何か問題が起きると、新たにルールを決めて守らせるようにする。規則のビルド&ビルドが何年も積もり積もっているから、それらの規則が守られているかを点検し、守られていない場合には指導をするという仕事もどんどん増えていきます。

たとえば、学校によっては、1年生が使っていい階段、2・3年生が使っていい階段など校内での歩行に関してもきまりがあったことがあります。使用するトイレ、通行していい廊下などを決めるのは、上級生と下級生の間ですれ違うときに、なにか言われたとかにらまれたとか嫌な思いをしたなどのトラブルが発生するのではないか、という危惧があるからです。実際トラブルが起きたから、ということもあります。私も、中学生のときに上級生の教室の前を通るのが嫌でした。からかわれたりしたこともあったから。

他方で、これはまるで人種差別が行われていた時代のどこかの国の風景のようにも見えます。その歩行制限を守らせるために教員が廊下に立って見守りをすることが日常になっていたこともあります。でも、それは本当に必要な、教員の仕事なのか疑問です。

些細なことを規則化し、守れなかったとして指導をする、その結果、互いの価値観がぶつかり合って対立や不信感につながる。それは学びの場としては本末転倒なのです。教員（権力を持っている者）と生徒（権力に従順であるべき者）との対立という、現代にそぐわない力関係の対立が学校に出現するのは、望ましいことではないだろう、と思いました。

だから「あのね、入ってはいけない部屋がある、開けてはいけない扉がある、通ってはいけない通路がある、なんて、まるでホラー映画みたい。それを破ることで恐ろしいことが起きるってやつ。学校ではそれはなしにしたいな」と言っていました。

校則の改正といえば、講演で何度もお話ししていることがあります。

あるとき、校長室前のポストに数人の男子グループから、連名で手紙が入っていました。現在、広島県教育委員会教育長をおつとめの平川理恵さんが、横浜市の校長をされていたときに「広聴ポスト」という名前で、生徒からの質問等に答える仕組みをつくっていらっしゃって、その真似をしたわけです。

大きくて立派な木彫のウサギ型ポストには、生徒からときおり相談や要望などが書かれた手紙が入れられます。差出人の名前が書かれている場合には、返事を書いて封筒に「親展」とスタンプを押してしっかり封をし、差出人に渡します。差出人が書かれていない手紙の場合、内容によっては、書いた返事を校長室前に掲示します（名前を書く勇気はないけれど、返事は期待しているだろうと思うから）。授業の要望や家庭での悩み、勉強のことなど多種多様な内容の手紙が、ときどき届いていました。

そのときの差出人は、おしゃれで楽しいことが好きな、目立つタイプの男子生徒たちです。内容は「校則で禁止されているツーブロックの髪型を認めてください」というもの。私は返事を書きました。「校長に頼んでOKにしてもらった、というのは情けない話ですし、私はサンタクロースでも傘地蔵でも、七夕の短冊でもないので、願いごとだけを書いてもダメ。その代わり、きまりを変えるためにどんなことをしたらいいのか、ヒントはあげられます。自分たちの要求を連呼するだけより、そのしくみを変えるための、人を納得させられるような働きかけをどう進めたらいいか、担任の先生にも相談しながら、行動してみては」と伝えました。翌日、校長室のドアをノックする音とともに、どやどやと入ってきた男子7、8人。「手紙、ありがとうございました！」と大きな声で、挨拶をしにきました。

それから、時間はかかりましたが、最後は「ツーブロックは禁止」という言葉が生活のきまりから削除されました。私も担当の先生も思いは同じで、「自分たちの力で、学校生活も社会も変えることができる」ということを実感してほしかったのです。もちろん、学校のなかの大人にもそのことに気づいてほしかったのです。

私は最初、「ツーブロックなんて特段問題ないでしょう」と考えていましたが、当時の教員は、「その髪型では高校入試で不利になるからダメ」と信じこんでいました。それでは、と手っ取り早く近隣の高等学校の校長に電話をかけて尋ねました。お察しのとおり、髪型などを公立高校の合否判定の材料にするのは人権問題になるのでできるわけがありません。だけど、何年もの間、教職員は高校入試に不利になるからということが禁止の根拠だと信じ込んでいたのです（ちなみにその電話で「高校ではツーブロックを校則で禁止されているのはなぜですか？」と尋ねると、「就職に不利になるから」とのお返事。えーっ、本当にそう信じているの？）。

校則が改正されて1年経った頃。結んだ髪にかわいいリボンをつけている生徒、暑い夏はお団子にまとめた髪、さまざまなヘアスタイルの生徒がいますが、学校が落ち着かなくなったり、荒れが見られたりということはありませんでした。自分たちが正しく主張して、手に入れた権利があるということは、生徒の自己肯定感を高めることにつながりました。

髪型以外にも、それまで白色を基調としたものという指定のあった上履きの色も自由になりました。北海道では上履きと体育館履きを分けることはなく、上履きは体育の授業や運動ができる運動靴を用います。床に靴底の色が移らないこと、安全に活動できることとだけが条件です。あとは自分と家族で相談してもらいます。小学校卒業時に使っていた靴を（小学校では上履きの指定がなかったので）中学校で履くこともできます。

また、修学旅行にスマートフォンを持参可にするなど、考えてみれば当たり前なのに「学校のなかではダメなこと」を改正していきました。だって、学校だって社会だから。社会でダメなことは学校でもダメ。学校でダメなことは、社会でもダメなこと。

学校だけのハウスルールをたくさんつくって生徒を支配するのはフェアじゃないと、学校のなかの大人にも気づいてほしいのでした。

以下は、某新聞に書いた私のメッセージです。


運転免許の筆記試験は○×方式。たまに引っ掛け問題もあるけれど、答えは一つ。道路交通法の認識に幅があったら命に関わるから当然のこと。日本国全員が同じ認識じゃないと危ない。一方、学校の中の「きまり」ってどうなんだろう。法律の方は頻繁に見直し、改正されているのに…。

本校では最近、「ツーブロック禁止」という文言を「学校生活のきまり」から削除した。きっかけは、おしゃれが好きな男子生徒の質問。「校長先生、ツーブロって、なんでダメなんすかね」「そういえばそうだよね。私としては、すっきりしていいと思う。それにその髪型で街を歩いていても警察に職務質問されたりしないよね。じゃあ、君たちのその思いを発信して、生徒がみんなで考えて学校のきまりを変えればいいんだよ。大歓迎!」

生徒の思いを実現する上での課題は教員のスピード感。春先の職員ミーティングでは教員から「服装について、○○はいいんですか」という質問が出てくる。生徒に尋ねられた時に、迷うのでしょう。気持ちは分かる。でも、あまりに細かくなってくると「安全だったらいいです。その服装でけがをする恐れがある、体調を崩す、他人の人権を侵害するのでなければOK」と答える。

幸い本校には警察から転職して教員になった職員がいる。こうした場面で、「○○さん、この服装で中学生が町を歩いていたら職質される?」と尋ねると「されません」と即答。「でも暑いからといって上半身裸で歩いていたら?」「されます」「オッケー。以上です」なんて会話をした。

校則よりも大切なのは、他者への気遣い。つまりマナーだ。化学物質過敏症の子も増えた。柔軟剤や香水の匂いは、生存権、学習権の侵害になる。人種・国籍、宗教的な生き方を尊重する、誰にでも気持ち良く接する。こっちの方が、つまらないハウスルールを守ることよりもずっと大事で、そしてハードルは高い。自分の頭で考える人を育てるんだよね? そろそろ校則問題から脱却しませんか。

多様な社会、×を付けるのが本務ではない。

「管理職の独り言」『日本教育新聞』2021年5月24日付け

安心して学び生活し、失敗できる場に

総務省がすべての地方自治体を対象として、メンタルヘルス不調で休職する職員数や未然防止策等を調査する方針を打ち出したのが2021年夏。業種に限らず、メンタルヘルスの問題は深刻だということが明らかになりました。

教職員や警察官はこの調査の対象となっていませんが、教員の状況は文部科学省が行っている公立学校教職員の人事行政状況調査から知ることができます。教職員の2022年度の精神疾患休職者は6、539人で、過去最多を記録、休職者は過去15年間5千人前後で推移していることから、教職員の働く環境は大きく改善されていないか、対策が効果を上げていないと考えられます。休職に至る前段階で苦しんでいる職員や、復職したがまだ本調子ではないという統計に表れない人も多いのです。

「心理的安全性の確保」という言葉をよく耳にするようになってからもう3年ほど経ちます。いわゆる声の大きい人への忖度や同調圧力を廃し、意見や指摘をしても拒絶されたり軽んじられないことが暗黙の了解となっている場。教室をそういう場にしようと努力しても、職員室については、まだハードルが高い学校が多いのではないで

しょうか。

経営者である校長は、自校の職員を潰さないことに最大限のエネルギーを使わなければなりません。大切なヒューマンリソース。最前線で奮闘する職員のつらさを感じとり、適切に救援すべきなのですが、実際は危機感が薄くなっていませんか。

「自分が教頭のときは、もっと大変だった」「この程度でめげているようじゃダメだ」といった生存者バイアスが、学校のなかに存在していないでしょうか。これからは多様性を大切にしようという割に、自校のスタッフの多様性を受け入れることができない職場が、職員を孤立させ、追い詰めているのではないでしょうか。

私は、とくに心理的安全性が確保されなくなりがちな若い職員と、カジュアルな雰囲気のなかで対話することを大事にしてきました。一対一の対話する時間がとれるときはそこで、そういった時間のないときには空き時間の職員室で、お菓子を配りながら、ちょっとしたおしゃべりをします。このあたりは教頭や主幹教諭も得意分野で、仕事の手をとめて「最近どう?」「○○さん、今朝いい笑顔で授業を受けてたわ」といった生徒の様子をフィードバックしたり、管理職の失敗談を話すなど、自己開示をためらわないムードができたらいいな、と思っています。

誰もが安心して働ける心理的安全性のある職場の条件、笑いがあり、話しやすく、助けられたり助けたりする、応援してもらえていると実感できる、ひとつひとつはどれも当たり前のものなのですが、実際できているかというと厳しい現実が見えます。弱っている人に自分の成功体験や方法論を語るのはあまり得策ではないということも事実。それよりも、救援のためのリソースを送り込むことのほうが効果的です。もちろん、校長自らが救援隊として盾になり、助けてあげなくてはなりません。

そして、問題が解決したら一緒に笑えばいいのです。「ちょっぴりハードだったけど、新たな発見もあってよかったよね」と。校長は、いつでも機嫌よく、暇そうに校内をぶらぶらしているほうが問題解決は早いはずだから。そんな小さなことをお勧めしたいです。

「学校は安心してのびのびと言いたいことを言える心理的安全性が担保されている場所」とはいいがたい場となっています。社会だって自由にのびのび暮らせる場所じゃないから、と言う人はいるでしょうが、子どもたちが将来生きる社会は、苫野一徳先生がおっしゃるように、互いの自由が相互承認され、人権意識が守られる社会であってほしいのです。これから向かう目的地が、楽しいところじゃないなら行きたいと思わない。

石井遼介氏によると心理的安全性の要因は、①話しやすさ、②助け合い、③挑戦、④新奇歓迎の４つ。そもそも職員室に心理的安全性がなければ、教室を心理的安全性が確保された場にできるわけがない。そんな思いで、前述のような雰囲気づくりに気を配りました。

とくに、失敗を容認できるムードとSOSを出せる空気は重要です。失敗は許さない、教師は間違ってはいけないという思い込みが高じると、困り感やつらさを表に出せなくなり、抱え込み、そして学校に来られなくなる。誰でも間違える、失敗は学びのチャンス、失敗やピンチに気づいたら早く誰かに伝えて、協力して手を打つ。隠さない、人のせいにしない。これだけでも少し風通しのよい、肩の力が抜ける職場になるはずです。

学校に行けなくても大丈夫

「フリースクールを認めたらそっちに雪崩が起きる。学校はみんな嫌でも通わせる場所」と、ある政治家の方の発言が物議をかもしていました。

昔から「あるある」なんです。こういうことは、学校の職員室では、かつてはよく聞かれました。悪意とかじゃないんだと思います。だけど、つらい思いやたいへんな苦労もみんなで同じく体験しないと、自分だけ抜け駆けというか、パスするのはよくないんじゃないか、という、どちらかというと、昭和の高度経済成長期のサラリーマンみたいな、または戦時下の庶民の生活みたいな考え方。望ましくない平等論にとらわれてしまいがちです。

私が校長時代に、教室に入れない生徒を「校長室でもよかったらどうぞ。ほかの部屋だっていいし」と言ったら職員から「僕も私も、と校長室にくる子が増えたら収集がつかなくなりませんか」と尋ねられたけど、「そんなことないよ。教室が居心地よくて、自分の居場所だと思った子は教室にいるから」と答えました。

もちろん、雪崩は起きませんでした。

校長室や保健室や相談室や理科準備室、特別支援教室……友だちとちょっと気まずくなって、今はひとりがいいの、とか、大勢のなかは無理なの、また、人前で発表したり、教室の前の方に出て朝の会の司会をしたりするのがつらいと言う子もいるので、その子に「どこなら大丈夫そうかな？」と選んで決めてもらっていました。

期間の長短はそれぞれ異なりますが、周りの大人が温かい対応をすると、学級や学年の友だちも理解してくれるようになります。そして、ゆっくり、友だちとの関係性ができたり、安心感ができたりすれば、教室に戻っていく子も多かったです。もちろん、教室に戻すことが目的ではありません。「安心して暮らせる安全な場所だ」「自分のことを大切に思ってくれる人がいっぱいいる」って思えたらいいんです。学校だけが学びの場ではない。

連帯責任や同調圧力、体罰や恫喝など学校が高ストレス状態でそれが当然とみなされていた過去の時代を生き抜いた人は、生存者バイアスで雪崩だの、我慢して当たり前だの言うけど、特殊な時代の特殊な経験をもった人の体験談として聞いておきましょう。自分はそうなれないからと、傷ついたり、自分の育て方が悪いのかと自分を責める親子がいないことを望んでいます。

当時校長室で過ごしていた子たち、それぞれ進学してそれぞれの人生を歩んでいます。「学校に行けなくなったら人生終わり」なんて思うのは違うよと伝え続けたいです。

子どもが学校に行かなくなって、心配で胸がつぶれそうな親御さんへ。

実は私もそうでした。息子も小学校高学年、中学校はとくに学校にフィットできなかった。毎日毎日ベッドから出てこない息子の布団をはぎとったり無理やり起こそうとしたり、将来進路選択で困るよ、と、今考えると無駄で逆効果なことをしてばかりいました。どこかで「親が学校の先生なのに、不登校」と言われることが嫌だったのかもしれない。それよりも、朝起きると顔色も表情もすぐれない息子が「どんよりした塊」みたいに居るのを見ることがつらかったのかもしれない。子どもが主語じゃないですよね。

ある日の夕方、職場から息子の携帯電話に連絡をするものの、何回かけても出ない。当時私は教頭だったので、自分の都合で早く帰ることもできず、じりじりとした気持ちを抱えながら、やっと帰れる時間になって急いで家に向かいました。家の近くから見ると家じゅうの電気がついていない、息子の部屋も真っ暗だ。車を車庫にも入れず、路上に乗り捨てるように停めて、何ももたずに息子の部屋に突進しました。電気をつけると、ベッドで寝ていたという息子が「何？　どうしたの？」と、寝ぼけた顔で言うので、ほっとして、力が抜けました。私は何を焦っていたんだろう、生きていればいいじゃん、子どもがつらくて行けないという学校に通わせて、どんなベネフィットがあるのだろう、と。

だから、毎朝学校に行けと言うのはやめました。勉強が好きな彼は週3日の塾には行っていましたので、大手を振って行け！　学校に行ってないのに塾に行ってる……と陰口を言われるのでは、と心配を漏らしたときには「そんなこと言うやつは誰だ！　連れてこいや！　塾の学費はこっちが払ってるんじゃ。びた一文払ってない奴につべこべ言われたら許さないぜ」と言うと、息子はあきれたような顔で「別にそんな事を荒立てるようなことを言わなくても……」と言い、とにかく塾はまじめに通っていました。そこは、友だち関係も先生との関係もよかったから。

「学校に行かなければ死ななくて済んだ子ども」という言葉が、いつも頭の隅にあります。学校に行かなければ、いじめ自死も指導死も、学校事故死も、なかっただろう。

よく、子どもは3歳までに親に恩返しをする、といわれますが、成長した子と話すのがいかに心楽しいことか。自分とフラットに相談したり聞いたり聞いてもらったり、私が学べることもたくさんあります。

不登校に悩む親御さんから相談を受けたり、ともに語ったりする機会が増えました。私は「お子さんが不登校になったからといって、何の不利益もないと考えてください」と言います。学校に行かなければこんなに困ったことが起きる、なんていうのは根拠のない都市伝説みたいなものなのです。この世に生まれてきてくれたんだから、いっぱい笑っていっぱい遊んでほしい。不安だから学校に行けない、今はたまたまそういう状態です。

そんな子に冷や水を浴びせるような家族だったら、彼らはいったい誰を頼るのだろう？　学校の外にこそ、おもしろいことはいっぱいあるし、魅力的な人も山ほどいます。学校に行っていないことなんかを負い目に感じて家に引きこもらず、外の世界を自分のフィールドにするくらいの気持ちになろう。私自身も、幼稚園中退という経験を持っていますが、その後の人生にプラスこそあれマイナスはないです。

脱屋台村――学校はこれからビュッフェになっていく

昔、名物店主がいる旨いラーメン屋、すし屋などがありました。腕はいいが職人気質で気難しい店主がいて、創業以来ずっと継ぎ足しながら使っている秘伝のたれとか、それぞれに矜持があり、客もその店の作法に従って飲食をしなければならない。ちょっと緊張感を持ってのれんをくぐらなければならない、敷居の高い、緊張する店。腕のいいフレンチの職人がやっているレストランにデートで行った若いカップルが、それぞれの料理をシェアして食べようとしたらシェフに大声で叱られた、なんていう話も聞いたことがあります。そのカップル、その後の人生でフランス料理を幸せな気持ちで食べられるのだろうか……。

学校の教職員は勉強熱心です。自分なりの教授法や学習指導や発問、板書等に対して研究熱心で自分の腕を磨こうとがんばります。自主研修のサークルをつくったり、既存の研究団体に入って勉強をする、つまり「腕のいい」教員になることを望んで切磋琢磨する人たちがたくさんいました。だから本もどっさり買って読んだし、勉強会にも出かけ、全部手弁当でがんばってきました。そうやって、こだわって最高の授業を実現しようとしのぎを削っていた時代があったし、今もそのように学び続けている教員がたくさんいます。

でも、優れた教員がそろうのはすばらしいことだけど、現実にはそううまくはいきません。全員が日本の教育史に名を残すような実践家にはなれません。


今、多様性の時代が到来し、育った環境も特性も異なる児童・生徒たちが一緒に学ぶことが推進されています。つまり、こだわりの店主の顔色を見ながら緊張して食事をするスタイルではなく、子どもが自分のニーズに合わせた学習方法や内容を選択し、仲間とつながって学んでいくスタイルに変わっていくことでしょう。出された料理に持参した調味料を加えて「味変」したりするお客がいっぱい出てくるようなものです。そこで店主が怒ってはダメなんです。

なんと言っても、子どもには自律的学習者になってもらいたいのだから、手取り足取り教えてあげる先生はいらないのです。教職員は総じてまじめで善良な人が多く、「やってあげなくちゃ」と夜なべ仕事でプリントをつくったりしてしまいがちです。

私も昔はそうでした。あんなに時間をかけてつくったプリントなのに、くしゃくしゃにして捨てられていたり、紙飛行機にされているときのせつない気持ちがよみがえります。でも、30人の生徒がいて、その全員にフィットした補助プリントなんてできるわけがありません。だったらそんな仕事で疲弊しないで、ゆったりと機嫌よく笑っていたほうがいいと思うのです。

学校はこれから、巨大ビュッフェになっていきます。そのとき、「何を食べたらいいのかわからない」とトレイを持ってたたずんでいる子がいないように、あるいは「何を食べたらいいか指示してください」と言う子がいないように、自分の体調や栄養のことも考え、自分で選択して、適切な量をおいしく食べる、食べたことのないものをチャレンジしてみて、経験値をあげていく。マナーを知り、楽しく食事ができる。そんな子どもたちになってほしいから、教職員はこだわり方をちょっと変えてみたほうがいいのです。

「あなたたちのためにはこの方法が一番いいんだ。だからこうしなさい」という、従順な人を育てる時代はもう終わったのだと、自覚しなければならないのです。

第3章

ゆるっと放牧な学校のつくりかた

学校教育目標を変える

●校長2校目は自分の母校

校長として赴任した2校目の学校は、小樽市立朝里中学校。そこは私の母校でした。自分が中学校3年間を過ごし、大学生になってからは教育実習先であった中学校。偶然とはいえ、ありがたいご縁をいただきました。

そこで初めに着手したのは、清掃作戦。茶色いソファとテーブルでぎっしりだった校長室から応接セットを撤去し、廃校になった小学校から図書閲覧台をいただき、すすけた壁にペンキを塗るなどしました。

校長室が昭和の喫茶店のようなのはなぜなのでしょう？　私は学校図書館に司書教

諭としてかかわっていたので、空間がきれいになれば人が集まってくる、ということを経験していました。すすけた壁や書架にペンキを塗り、古い書籍を除籍し、ゆったりくつろげる椅子やテーブルと楽しいしかけがあると、大人も子どももひきよせられるようにやってくるのです。そうやって、昭和の喫茶店そっくりだった校長室から明るいミーティングルーム、作戦会議室のように改造しました。

その後、少し落ち着いてから着手したのが、学校教育目標の全面改訂でした。

校長室には、かなり年季の入った学校教育目標が額に入って掲げられていました。調べてみると、教育目標の前回改訂は1980（昭和55）年、つまり38年間（当時）も改訂されずにいたのでした。そしてその教育目標には①文章が長すぎて覚えられない、②「○○しよう」という呼びかけ形式だけど抽象的、③誰も学校教育目標の実現を意識して計画をつくっていない、という課題があったのです。

「学校あるある」を募れば多く集まりそうな話ですが、学校教育目標を変えることのハードルが高いのは、立派に額装されて体育館に掲示され、おいそれとは手をつけられない雰囲気を醸し出しているからです。だから手つかずのまま、校長はその年の重点目標をつくって職員室に掲げたりします（でもこれも、残念ながら5月を迎える頃には忘れられがちです）。

さらに、学年団は学年目標を、学級では学級目標をつくり、「トリプルまたはそれ以上のスタンダード」が生まれてしまったりもします。教育関係者は目標が大好きなのです。でもその割に検証に基づいた更新には消極的だったりするように思えます。

さらに、学校の目標はスローガンと混同されて十分な検証がなされません。一般的な目標設定にはよく「SMARTの法則」（**図1**）が使われますが、残念ながら学校教育目標では「希望」とか「輝く」などのきらきらしたイメージ言語が躍るものが多いです。これでは達成度を測れません。

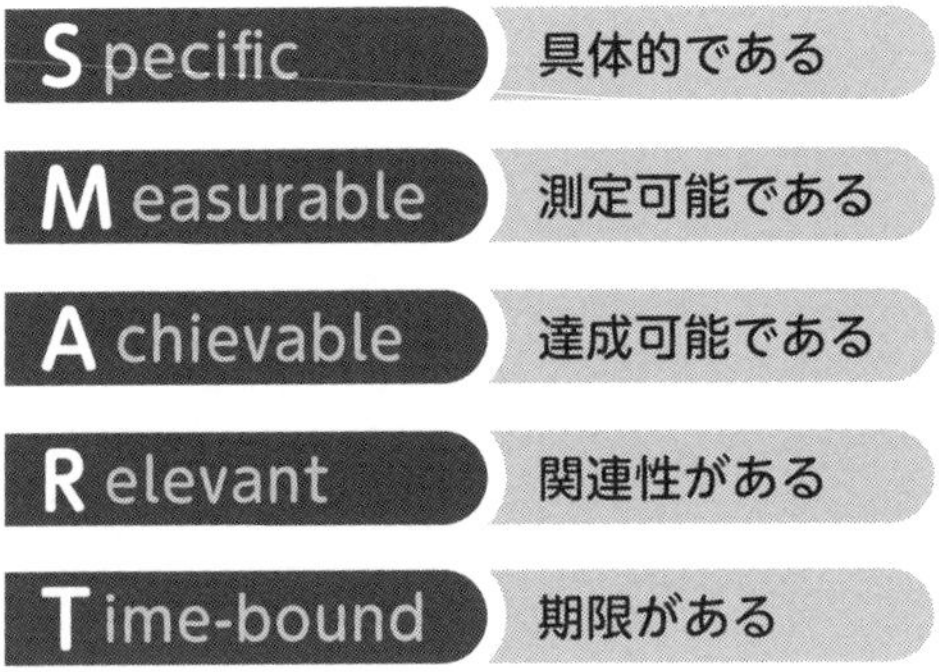

S	pecific	具体的である
M	easurable	測定可能である
A	chievable	達成可能である
R	elevant	関連性がある
T	ime-bound	期限がある

図1　SMARTの法則

● 膨大な量の願いに圧倒

着任して、地域と学校の関係がいまひとつ希薄であることに気づいたので、それも少し変えていきたい、そして保護者の方の願いをこめたいという気持ちで、地域の方々と保護者の意見も寄せてもらうことにしました。

お題目じゃない「めざす姿」を学校・家庭・地域が関与してつくることが、実は学校づくりに後々大きな力を発揮する、ということに気づくのは、動き始めてからのことでした。

夏の学校評価アンケートの裏面を使って、保護者の方々に「あなたは本校の中学生にどんな大人になってほしいですか」という願いを自由に書いてもらいました。すると、予想を超える数の「願い」が集まりました。「学力」はそれほど多くありませんでした。それよりも「人の痛みがわかる」「自主的に行動する」「思いやり」、それから「朝自分で起きる」「時間の管理ができる」等の目の前で起きていることまで、親の思いがあふれていました。

それらをすべてExcelに入力し、小さな文字でぎっしり何枚にもわたるシート「親の願いの集積」を職員と共有しました。この「量」だけでも、職員室の先生方は

「はっ」とすることがあったと思います。親の思いを量で目にする機会はあまりありません。よくある学校評価アンケートの棒グラフや円グラフ、数値になった結果より、自由記述の言葉の集まりのほうが響くのです。それらを読み込みながら、教職員はグループ別の熟議を数回、さらに、地域の方々と教員、保護者の集まりでこの地域の子にどんな大人になってほしいかを熟議しました。今、ＡＩを使ったテキストマイニングが誰でもできるようになったので、もっと簡単にこれらの作業はできるはずです。声を聴くことをいとわない。学校だけが教育をしているわけではないので。

●願いを学校教育目標に

原案は校長がつくりました。当初は「自律・貢献・創造」でしたが、やはり「貢献」で引っかかりました。職員ミーティングでとある先生が「貢献を押しつけるように思われたら、ちょっと意図と違って誤解されるかもしれない」という意見を言いました。なるほど、「貢献」が同調圧力に使われるかもしれません。これからの時代は「集団のために、組織のために、みんなのために」をぐいぐい前面に出していくと、知識・スキル・考え方などでそこに乗れない人たちが必ず出てきます。その人たちが排除されない学校のためには、もう少し柔らかく、むずかしくないもののほうがよいか、という話になりました。

いろいろな意見を持ち寄った結果、貢献が承認に変わりました。哲学者の苫野一徳氏が著書で書かれていた「自由の相互承認」がこれからの社会でもっともっと大切にされるべきと共通理解できたからです。その後も職員会議で検討し、学校だよりで地域に周知して意見を募り、晩秋には次年度の学校教育目標が決まりました。

この作業を通じて得たものは大きかったです。まずは職場のチームビルディングに有効に働いたこと。そして保護者や地域に意見を「聞く」ということが、その後、学校と家庭、学校と地域の関係性の構築に役に立つことが実感できたこと。「対話」「熟議」が関係性の質を変えていくということを実感できました。

そして、学校教育目標を変えることに対して、職員の反対にあうことが少ないということも発見でした。一つは、それほど皆のよりどころになっていなかったからという反省もありましたが、学校教育目標を変えることで、誰か一部の職員の負担になるとか、失敗は許されないだろうなどというリスクが職員にないことが大きかったです。

他方で、学校教育目標の変更は、参画できる、意見が言える、共同作業ができる、本質的なことだから意見対立が少ないという効果がありました。手段や方法について議論をするとなぜだか感情対立が起きやすいので、「そもそも」を語り合うのは私の学校経営のけっこう重要な要素になっています。

●世の中は変わっている、だけど……

時は流れ、世の中は変わるけど学校はなかなか変わらない、と言われます。私は学校教育目標の改訂という共同作業を通じて、教職員・保護者・地域が一緒に、目の前の中学生が未来をどのように生きる人になってほしいのか、どう育てたいのかを考え直す機会にしたいと考えました。

学校は前例踏襲の宝庫で、なおかつ閉鎖的、新しいことへのチャレンジに躊躇する傾向が強いです。私自身、研修会の講師を務めるときに参加者に「変えることに抵抗があるのはなぜだろう」とよく問いかけます。すると、「それまでやっていたことを否定されるような気がする」「失敗するのが怖い」「見通しが持ちにくい」「仕事が増えそう」「反対意見の人との対立が怖い」等々の返事が返ってきます。新しいことにはリスクがつきまとうとの思いが強いのだと感じます。

確かに学校行事や教育課程を大きく変えるのは、荷が重いことでしょう。しかし、学校教育目標を変える作業は、精神的なリスクが少ないのです。いろいろな人と「未来の姿」を想像して対話し、考える作業を通じてできた新しい学校教育目標が学校に大きなダメージを与えることはほぼありません。リスクが少ないならのびのびとできるのではないでしょうか。

世の中を見て、現時点の教育の価値観である学習指導要領を知り、地域の人や保護者の声を聞き、めざす生徒像をつくりあげる体験を通して、自分たちの教育という仕事を見直し、手段にとらわれがちな日々の活動を少しでも変えることは、大きな喜びとして刻まれると考えました。

● 浸透させなきゃ意味がない

新しい学校教育目標は次のようになりました。

○自律　自分で考え表現し、行動する人
○承認　自他のよさを認め、互いに学び合う人

○創造　よりよい社会の創造に、果敢に挑戦する人

この目標が気に入っているのは、「知徳体」に分けることにとらわれず、今の時代に合った願いが具体的に示されているところです。そして誰もが憶えて口に出せるシンプルなところです。

目標が完成し、体育館や玄関に掲げるだけでは意味がないので、この理念を学校の教育活動に落とし込みます。すべての教育活動がこの学校教育目標の実現をめざしているか、全教職員で洗い出し、アップデートすることが大切です。生徒にもくり返し、私たちの願い、生徒が生きる未来について語りました。生徒会の集まりで、役員の生徒が「自律」について語り始めたときはうれしかったです。

「校長のリーダーシップ」という言葉をよく聞きますが、リーダーは三角形の頂点に立って人を動かす人ではありません。多様な教職員をさまざまな場面でリーダーにできることが、私が願うリーダーシップです。

名前って大事――学校組織を変える

「みんなでがちゃがちゃ喋りながら、いい学校をつくろうよ」というのが私のコンセプトでしたが、「そうすると、従来のツリー型の校務分掌組織ではうまくいかないこともあります」とある職員から言われました。「自分は『教務部の○○担当』ですが、『生徒指導部の△△担当』の方針とすり合わせが必要だと気づいたときに、もっと早い段階で話し合いをしておきたいのです。だけど、現行の会議のあり方では、他の部に意見しづらくて、かといって職員会議で話題を出すと、せっかくの企画を振り出しに戻すみたいになってしまうし……」。

たしかに、「職員会議は校長が主宰する」という学校教育法施行規則の規定にのっとって会議を行うと、時間を短縮できるし意見も出ません。「確認の場」としての職員会議ができあがりますが、これでは新しいことをやろうとする場合の壁になるのも事実です。

そもそも、この学校は市内で2番目に大きな規模の学校ではありますが、職員が30人程度しかいない組織です。ツリー型組織をつくって、それ以外の特別委員会をつくっても顔を合わせるのがほとんど同じようなメンバーになるというのもよくある話。

　では、もう少し流動的なグループをつくって、それぞれのメンバーが当事者として動き、学年やグループにその情報を共有して「聞いていないんだけど！」という状況をなくそうと、雑なイメージ図を手書きしたら、主幹教諭がパソコンでつくってくれました。なんだかスライムみたいな形のグループが浮遊しているような図です（**図2**）。ゆるっとつながる、助け合う、ゼロベースで考えてみるということが学校でできるっ

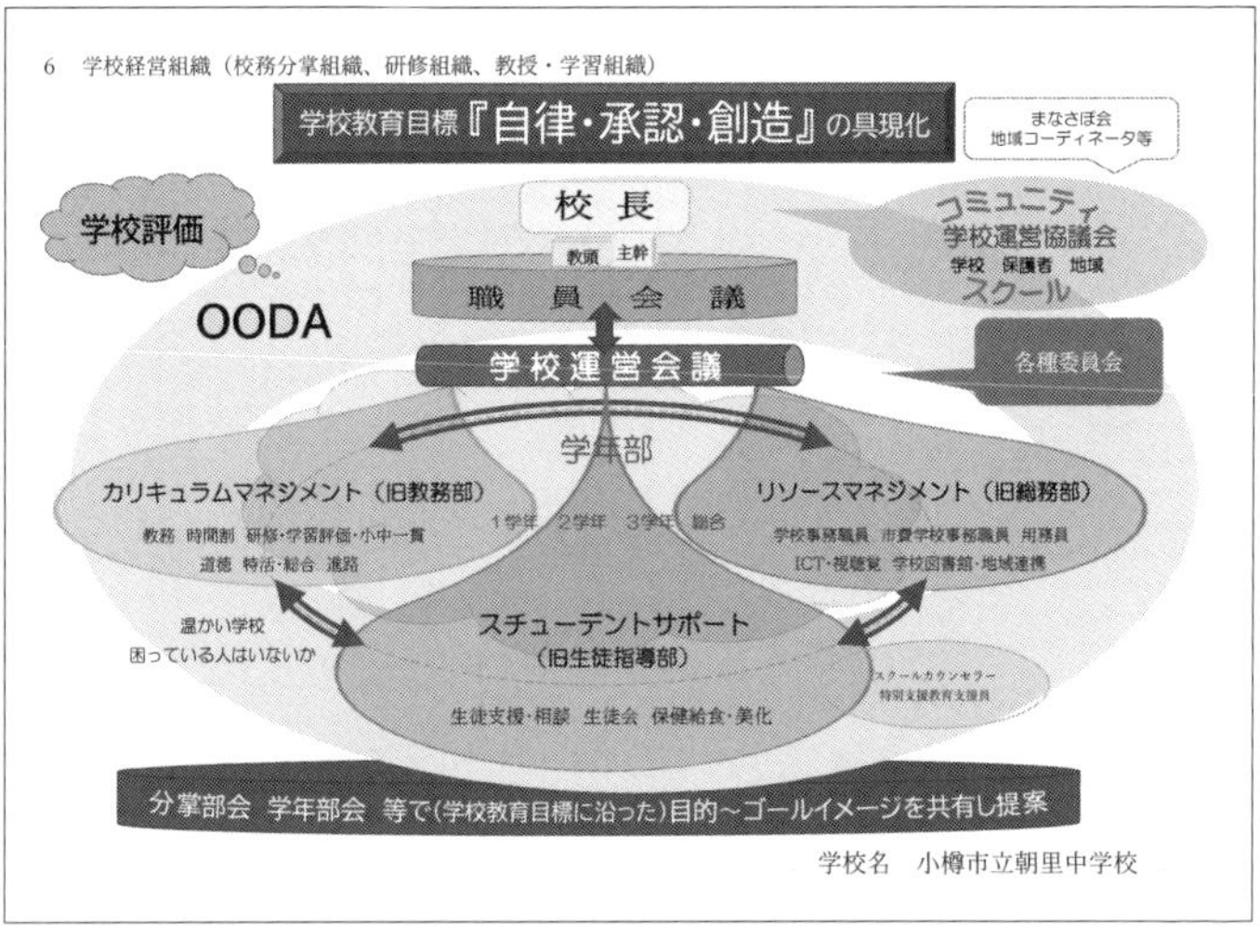

図2　R6 小樽市立朝里中学校校内組織図

て大事なことだと実感する図でした。

「ついでと言っちゃなんだけど、名前、変えない？　なんかさ、『生徒指導』って言うと『指導しなくちゃ！』ってモードになって、登校時に玄関先で服装とか遅刻とかをチェックして小言を言う的なイメージがつきまとうでしょ。そういう学校と違うんじゃない？　ここって」というつぶやきから、生徒指導は「スチューデントサポート（生徒支援）」、教務部は「カリキュラムマネジメント」、学校事務職員や図書館司書、用務員は「リソースマネジメント」というグループ名に変わりました。

「名前が変わっても仕事は変わらない」と思われるかもしれませんが、名前を変えるって実は大事なことだと後々実感することになりました。だれが言い出したか、職員室で「あの子は○○ができない」じゃなくて「あの子にはのびしろがまだあるんです」と言っている職員がいて、心がじんわりしました。

そしてもうひとつ、情報はできるだけオープンにすること。学校でもどこでも、人を不機嫌にさせるのは「一部の人にしか情報が共有されていない」「一部の人にしか意見を述べる機会がない」ということ。つまり「わたし、聞いてないんだけど！」

「えっ？　それ何？　いつあったの？　いつ決まったの？」なんていうことが頻繁にあると、人は怒りを感じるし、やる気もなくなります。「自分は数のうちに入っていない、つまり重要視されていない存在」って思うからです。

だから、閉まっている校長室の扉、教頭や主任層だけが出入りして、何を話しているかわからないけど緊迫した雰囲気……は、とても気になります。無駄に気を揉ませることなく、困ったことが起きたときに、「今、こんなことで学校が困っているんです」と情報を教職員のなかでオープンにすることで、いろいろな意見が集まり、解決の糸口が見つかったりするものです。校長が自分だけで何とかしようと思わず、職場の仲間を信じて相談したり、意見を聞くことは大事なことだと実感しています。

学校も会社も、命がけで来る場所じゃない

私自身、幼稚園不登園の末に中退という経験があるので、学校にフィットできない居心地の悪さやつらさはよくわかります。それなのに、自分が若い頃、学校に足が向かない生徒の家に家庭訪問に行って、無理やり引っ張って学校に連れてこようとした

り、本当に的外れなことをしていました。登校させることが目的になっていて、その子の気持ち、うまく言語化できない気持ちに寄り添って最適解を見つけるサポートなんかが全くできていませんでした。自分の学級から不登校の生徒を出さないようにしようという「大人が主語」の、まったくダメな考え方をしていたときがあったな、と後悔とともに思い返すのです。

学校が、安心でき、あなたのことをウェルカム！と迎えてくれる場所なら、積極的に「行きたい」と思わないまでも「まあ行ってもいいかな」と思うかもしれません。だけど、クラスに友だちがいない、他人から軽んじられてリスペクトされない、勉強がわからない、要するに「行っても気分が上がらない」場所で、さらに自分自身が損なわれるように感じる場所だったら、それは生き物として危機回避のために、そこには行きません。行ったら危険だからというのは自然なことです。

「はじめに」にも書いたとおり、私は、不登校とは、子どもたちによる学校評価となっている側面も大きいと思います。学校に行けば自分の心理的・身体的安全性が確保できない。安心して学べない、自分がいることを歓迎してもらえない、そんな場所にわざわざ行くでしょうか？

不登校の理由も、学校の立場で、学校の大人目線で、「怠学」や「無関心」などとカテゴライズしていますが、本来、13～15歳の子たちが自分の周りの出来事に無関心でいられるものでしょうか。自分から「降りて」いるのではないでしょうか。

何かができる／できないで分けられていく学校というところで、負け続けるのが嫌だから、最初からパスする子もいるのではないでしょうか。何かができるとかできないとかそういうのは関係なく、「あなたがここに来てくれて、いてくれてうれしい」と無条件で言ってくれる大人がいる場所に、学校が変わったら、学校を見限った子たちも、学校の見方が少し変わるのではないかと考えるようになりました。

私は、毎朝昇降口の外に立って、登校してくる中学生にあいさつをします。元気にあいさつする子もいれば、仏頂面で通り過ぎる子も時にはいます。遅刻してくる子もいます。だけど私たちは玄関先で叱ったりしません。気になる子には声をかけるけど、「指導」はしません。なかには、玄関の外で「今日、教室無理」と言う子もいます。

私はそんなとき、「そうなんだ。どうしたい？」と尋ねます。

「保健室行こうかな」

「じゃあ、養護教諭の先生にお話ししてみたら」

「はい」

そうやって、保健室の先生に自分の気持ちを聞いてもらったり、勉強に向かない気持ちを整理したりして、立て直す子がいます。

私たち大人は、もう少し子どもたちの声を聞いたほうがいいのです。先へ先へ、急ぎすぎて、大人が決めて、大人の都合どおり動かそうとしてしまいます。

あるとき、こんなことを言った生徒がいました。

「約束ってさ、両方で決めるじゃん。たとえば、俺とあいつと一緒に遊ぶ？ってとき、明日は俺がダメで、あいつは今日はダメ。だったらどうしようって相談して、明後日なら遊べるから遊ぼうね、って約束するじゃん。だけどさ、学校の先生って『今日も遅刻しちゃったね。明日からはちゃんと時間守ってくるんだよ。来れるでしょう。じゃ、約束だからね』って、ひとりで決めるんだよね。それってさ、『できない、無理』って言えない状況で、明日遅刻したら『なに約束破ってんだよ！』って怒るんだよね。それって、卑怯じゃね？」

その話を聞いて「あーわかる。それ」と思いました。大人の書いたシナリオどおりに子どもを動かそうなんて、考えてはダメだよね、と本当に思います。

保健室1時間ルールの謎と、「校内止まり木」増加計画

保健室1時間ルールって知っていますか?

私が若いころ、いや、つい最近までありました。つまり、体調が悪い、もしくは悩みごとなどメンタル不調のため教室で授業を受けられずに保健室に行く生徒がいます。ベッドで休養するなり、悩みがある場合は養護教諭に相談したりして1時間過ごします。次の時間、教室に戻って授業を受けられないなら、家庭に連絡して早退するというルールのことです。保健室にステイする時間の上限は1時間ということです。

体調が悪い場合は、わかります。学校にいつまでもいるよりは、病院で受診したほうがよいでしょう。でも、悩みを抱えている子を、そのまま家に帰して、解決するんでしょうか?　多くの家が今は共働きで、家に帰ってもひとりという子も多いです。ひとりで解決できるのでしょうか?

「教室はちょっと無理」と言う子には、「じゃあ、どうしたい？　保健室、校長室、相談室が今日は使えるけど、授業をオンラインでつなぐこともできるよ」と伝えます。

教室にコミットできない生徒に、「授業が遅れるから」などと煽るのは禁物。心配事があったり傷ついている人に、授業進度のことなんて言っても何の役にも立ちません。これは喫煙した生徒に「喫煙によるがんの発症率や寿命との関係」なんかを語ってもほとんど効果がないのと同じです。

彼らは「今」傷ついていて、悲しくて、つらくて、困っている。だから、ここで、安心して、自信と元気を取り戻してもらうのが先です。傷ついた翼を休める止まり木みたいな場所が学校のなかのいろいろなところにあったって、いいんです。元気を少しずつ取り戻したら、授業受けようとか教室に行こうとか自分で決めて行動します。

私たちは、気をつけないとつい「教師の顔」で彼らに何かをさせようとしてしまいがちです。でも、「自分のそばにいて、フラットに話を聞いてくれる、説教臭くない大人」でいてくれたほうが、子どもたちは助かります。保健室の養護教諭や特別支援教育支援員、学校事務職員、学校図書館司書など、「成績評価をつけない人」が学校にいてくれることで、子どもたちがほっとするのはそういう面もあるのです。

保健室で、折り紙を折ったりと手を動かしながら養護教諭にいっぱい話を聞いてもらった子は、

「次の時間体育だから行ってみようかな」

「オッケー。行ってらっしゃい。でも、無理っぽかったら戻ってきていいんだよ」

校長室で過ごした子はお昼になると、

「給食もここ（校長室）で食べていい？」

「いいよ。教室から出前頼もうか」

そして、給食を運んできてくれた子たちが「校長先生、うちらもここで食べていい？」

「担任に聞いてみて。担任の先生がOKって言ったらどうぞ」

5分後、校長室の大きいテーブルが女子会みたいになっていることも一度や二度じゃありません。でも、そんな会話のなかで「私もそういうことあったよ」「でも、大丈夫だって」なんて会話をした翌日は「先生、今日は教室に行ってみるねー」と言う子もいます。

大人だっていろいろあるけど、自分でなんとかできないことに囲まれている中学生だって大変。それを「そんなわがままは許されない」と教室に帰したり、家に帰したりすることで、彼らは元気になるでしょうか。

校長室に来ていた子たちを腫物に触るような扱いはしません。「この部屋、電話が鳴ったりするけど気にならない？」。来客があるときは「ごめん、ここ今日客が来るんで、11時からの1時間は相談室でもいいかい？」とか。

そして、やってきた子が今日はノリが悪くて……という風情でノートや教科書を開かなくても、「さあ、勉強しよう」なんて言わないようにしていました。今この10分、15分を勉強に向かわせるより、自分を取り戻すほうが大事です。何か話したくなったら、自らぼちぼち話しだすから、それを聞きます。

事務室に生徒がいることもあります。「あれ？　今日はここにいるの？」「うん。保健室、相談ごとがある人いるみたいだし……ここで手伝ってる」と、学校事務職員さんが注文した消耗品の箱を開けるのを手伝っています。

中学3年になって、ささいなことがきっかけで学校に来られなくなったA君は、担任との折り合いが悪いようです。ちょっとした言葉のやりとりからの誤解ですが、進路選択の時期にも学校を休みがちだったので、体験入学の申し込み時期も逸してしまいました。校長室にやってくるようになってからそんな話を聞いたので「そんなの、個人対応してくれるはずよ」と高校にお願いの電話をすると、保護者と本人の学校見学と相談を快諾してくれました。結局、その学校を見学したものの、思っていた学習内容と違ったので受験することはやめ、市外の学校に自己推薦で合格しました。

中学校の卒業式が終わって下校するとき、「俺、校長先生いなかったらやばかったっす」と言うA君に、「何言ってんの。あんたが自分で決めて母ちゃんや家族が支えてくれて、あんたががんばってできたことじゃん。これからだっていろいろあっても大丈夫さ」と笑って送り出しました。進学先の高校で勉強に目覚め、トップクラスの成績で大学に推薦入学が決まったと高3の冬にＬＩＮＥが来ました。

ほかの卒業生も、「高校に行ってもなかなか教室に入りづらいけど、なるべく休まないで通っています。将来、学びたいことが見つかったので、大学に進学したいと思っています」と伝えてくれました。つらい中学校時代を過ごした卒業後の彼らから知らせが来ると、本当によかったね、と思います。

「人生のほんの入り口で、ちょっとの間ほかの人と同じ行動ができないってだけで、あなたの人生そんなダメージはくらわないよ。ここで、ここでじゃなくても自分の決めた場所で、ゆっくり考えたり休んだりしてエネルギーが溜まって、行きたいところが見つかったら、鳥みたいに飛んでいけるから。楽しみだねえ」

待て、しかして希望せよ――モンテ・クリスト伯のセリフです。教育や人育てもそういうことです。信じて、あきらめないで、待つ。

「教室マルトリートメント」を排除

私が授業中の校舎内を散歩するように歩きまわるとき、生徒はどんな表情で登校しているだろう、校内で悲しそうな表情の子はいないだろうかを気にしています。学校の大人や友人にSOSを発することができない子がいるのではないかと気にしながら校内を歩きます。個々の教室で、教員がどんな授業をしているかよりも、子どもたちの様子が見たいのです。

川上康則先生が書かれた『教室マルトリートメント』(東洋館出版社、2022年)

を読みました。「教室マルトリートメント」は著者の造語で、教室内で行われる、違法ではないが、不適切な指導を示しています。つまり、心理的虐待のような威圧的・高圧的な指導、強い叱責、発達を阻害するネガティブ要素を持った言葉を投げかけるなどの、教員の児童・生徒に対するかかわりのことです。

自分が小・中学生の頃や、教員になってからの自分自身を思い返すと、思い当たる節がたくさんあって、読んでいると苦しくなりました。学校だけではなく、子育てのなかでもやってしまっていた、マルトリートメント。いじめよう、傷つけようなどと思ってもいないけど、子どもにダメージを与える大人の言葉や表情の数々。

文部科学省の2022年度児童生徒の問題行動・不登校等生徒指導上の諸課題に関する調査結果の概要では、中学校における不登校生徒の割合は6％で、前年度より約1％上昇しています。

不登校はどこの学校でも起きている現象です。理由もさまざまですが、私が勤めていた中学校では年々減っていっていました。「不登校の生徒が少ないのはなぜですか？」と尋ねられましたが、理由は明確ではありません。ただ、数年前から職員と話し合い、「学校マルトリートメント」を禁じたことと関係があると思います。

つまり、教員は大声で怒鳴ったり、他の生徒の前でひとりの生徒をみせしめのように叱ったりしてはいけません。連帯責任ももちろん禁止。生徒の失敗やできないことは「学びのチャンス」「のびしろがある」と考えます。そして、「学校は命がけで来るところじゃない。学校に来なくても学ぶ方法はある。そしてもっと大事なのは命」と校長が言います。「学校に来ても教室に入るのがつらいのなら、学校内の別な場所を選んでいい。あなたが決めていいよ」と担任が言います。

教室に入るのはハードルが高いと感じる生徒は、校長室や保健室を選び、オンラインで教室の授業に参加したり、自分で勉強したりしています。そういう生徒には、まず不安を払拭し、安心してもらうこと。根掘り葉掘り聞き出したりしないけれど、彼らが話したいことがあるならしっかり聞いて受け止めます。

中学に入学した時点で、怯えたような目をしている生徒と出会うこともあります。力で押さえつけられてきた子たちは、大人が怒るかどうかを判断の基準にします。まるで、いじめられた動物を引き取ったみたいに、心を通わせるには時間がかかります。

大人たちは、自分が権力を持っていることを自覚しなくてはなりません。「指導」だと思い込んでいた振る舞いが、子どもたちを追い詰めていないでしょうか。逆効果になっていないでしょうか。マルトリートメントを排除すると、職員室も元気になります。安心して失敗し、笑顔で励まし合える場をつくっていきましょう。

魔法の杖が欲しい？

朝里中学校はコミュニティ・スクールでしたので、各地にお招きいただく講演や研修でもコミュニティ・スクールに関する話をすることが多いです。とくに、「コミュニティ・スクールをしたら、働き方改革になりますか？」とか、「コミュニティ・スクールは教員の負担増につながるので反対です」と言われることが多くなりました。それだけでなく、「○○するにはどうしたらいいですか？」とか、「よい解決策を教えてください」という質問も増えたような気がします。ここにも正解主義の波が来ています。そこでこんなたとえ話をします。

私は、仕事が立て込んで少し無理がたたると、のどが痛くなります。急性咽頭炎というやつです。のどが腫れ上がり、熱が出て、寝込みます。病院に行くと、点滴や痛み止めのほかに、トラネキサム酸という止血剤を処方されます。真っ赤に腫れ上がったのどの症状を抑えてくれるのです。と同時に、トラネキサム酸には、顔のシミを薄くする働きもあります。つまり、のどの炎症を治そうと飲んだ薬で、顔のシミが図らずも薄くなるのです。

コミュニティ・スクールと働き方改革も同じような関係です。働き方改革のためにコミュニティ・スクールを導入したわけではありません。副作用のそのまた向こう側的な遠回りな作用で、働き方改革になるかもしれない。でも、そこは目的ではないのです。コミュニティ・スクールの目的は、教育の質の向上、学校だけじゃなく地域社会総ぐるみで子どもたち、青少年を地域の一員として育てようというコンセプトだったはずです。

教育DXについても同様です。校務支援システムを導入しようとすると、「使い方を学ぶこの時間が負担だ」とおっしゃる教職員も多いです。慣れ親しんだ前の方法がいい、と。それはよくわかります。新しいことを学ぶのは、時間もかかるし、わからないとストレスを感じます。

私は、学校に勤務し始めて数年は普通自動車免許を持っていませんでした。だから、どこかに行くには公共交通機関を利用するか、誰かの車に同乗させていただくか、タクシーに乗るかしかありません。興味があるけどアクセスが悪いお店には、自力で行くのをあきらめていました。

でも、仕事をするうえで限界を感じたことと、たまたま引っ越した部屋の隣に自動車教習所があったので、「この環境で免許をとらなきゃ一生無理だな」と決心しました。入校を申し込み、時間がかかったけど運転免許を手にしたのです。それから三十数年、今では車がない生活は考えられません。

免許取得は時間がかかるし、金額だって、30万円くらいかかります。車を持ったら、維持費や税金もかかります。それは負担だけど、車を持つことで行動範囲が広がり、行きたいところにすぐに行けます。ドライブの楽しさを味わったり、足の悪いおばあちゃんを病院まで送ってあげたりすることもできます。もちろんリスクもあります。不注意から事故を起こしてしまうと取り返しのつかないことにもなるでしょう。

生きるって選択の連続です。リスクとベネフィットを天秤にかけながら、そして自問自答しながら選んだほうに進むしかありません。

だけど、学校にいて、自分はリスクをとらずに魔法の杖ばかり欲しがっても、事態は好転しないのです。半世紀以上生きていますが、カボチャを馬車に変えてくれる魔法使いのおばあさんにも、大みそかの夜にお土産をどっさり持ってきてくれる傘地蔵にもお目にかかったことがないので、自分で動くしかありません。

そうそう、リスクで思い出したけど、学校の先生や学校関係者が生徒によく言う「挑戦」という言葉は、リスクテイクとも言うらしい。リスクをとること。この言葉はヴィニート・ナイアー（実業家）によりつくられた言葉です。ミステイク（間違い・失敗）は論理的思考の不足、不注意、知識不足によって起きてしまう行動、つまり無自覚から起きる失敗なのです。

かたや、リスクとは損失の可能性がある、期待したとおりの結果にはならない可能性もあるとわかったうえでアクションを起こす。期待どおりにならない結果によってはミステイクの一種に分類されますが、可能性が予測されているなら容認されていいこと。つまり、失敗するケースも想定しつつ、でもやってみよう、がリスクテイク。

新しい試みはリスクテイクの可能性をはらんでいます。リスクがあるからやらないでおこうとするのは、停滞しか生まないでしょう。やみくもに失敗を恐れるのではなく、「そういうこともある」ということを想定して、やってみる、ということかな、と私なりに解釈しました。

なんか、挑戦よりもリスクテイクのほうが、けっこううまくいくというようなイメージを感じています。私は、「挑戦」っていう言葉があまり好きじゃないというか、自分に親和性がないように感じています。このことは『校長の挑戦』（教育開発研究所）でも話していますが。

公開研究会をやめた

「今まで毎年やっているから」という理由で続けていることを問い直すことにしました。これは本当に生徒のため、職員の成長のためになっているの？と考えた結果でした。

今まで勤務した学校で、年に一度の公開研究会を行っていました。忙しい時間を縫うように研究テーマと仮説を立て、校内研修を行い、授業者を決め、指導案検討を行い、資料を作成、丁合し、会場準備や係分担、接待の計画等を立てて開催にこぎつけます。

終わった後はそれなりの「やり切った感」はあります。でも、翌日からも仕事は続くし新しい問題もどんどん押し寄せるから、十分な分析なり次の教育活動へつなげるための仕事はついおざなりになり……。つまり「やることに意義がある」と、目的化しちゃっているのではないか、という気持ちがどんどんふくらんできたのです。

なので、すっぱりやめました。校内研修は行っています。けれども、公開研究会を開催することが目的になってしまっていること、それにかけるエネルギーの量と効果のコストが釣り合わないことに気がついたので、「公開研究会、やめたいんだけど、どうかな?」と教頭や主幹教諭、研究担当におずおずと切り出してみたのです。

校内研究は多くの学校で3年計画、①主題と仮説の設定、基礎調査、②仮説を検証する授業実践、③研究成果と課題の整理、次年度の方向性——という流れのことが多かったように思います。

でも、3年でじっくり取り組むには世の中の変化が速すぎるように感じました。だから学校ではまずそれら一連の流れをやめて、職員がブレインストーミングを行い、それぞれの課題意識やニーズを洗い出し、年間の研修プログラムを大まかにつくる作業をしました。

研修とは、研究と修養の略語と言われます。でも学校では「研究」と、大上段に構えず、今必要なスキルを身につける、教育観、児童・生徒観をみがく機会ととらえた方が楽しくできるし、役に立つと考えました。

コロナ禍で急遽必要になったオンライン会議やオンライン授業に向けたツールの活用、仕事を能率的に進めるための机の整理整頓法、情報整理、学習評価、タイムマネジメント、働き方改革。得意な人が講師や提言者となります。話を聞きたい講師を呼ぶこともあります。授業の腕を磨く研究授業は別のかたちで行います。研究団体の授業、初任者研修等の会場校として手をあげればいいし、新たな試みを授業で行う場合は、校内外にアナウンスして参観者を募り、意見をもらうこともできます。

公開研究会の準備段階では、授業者の指導案を重箱の隅をつつくように協議するのが常でした。これが、授業者の意欲向上とスキルアップにつながっていたのでしょうか。かけた時間と労力に見合うリターンが得られる仕事だったでしょうか。私は指導案検討の後で疲れた表情の若い先生を見るのはイヤでした。口々に意見を言われても、的外れなものもあるし、混乱することもある。

研究授業当日には参観者が教室の後方に立ち、疑似生徒のように授業を参観していますが、教育者だったら教室の前方に立ち、生徒の表情が変化する瞬間を見たほうがいいんじゃないでしょうか。また、授業だけ見て資料だけもらって帰ってしまう参加者も多いです。どの学校も忙しすぎて自校を空けることができない現実があるのを知っています。

研究会が終わり「たいへん勉強になりました」と授業者は言いますが、エネルギーと時間をもっとほかのことに使ったほうが学びになったのではないでしょうか。公開研究会が誰かの「後悔研究会」になっているのではないか、というモヤモヤを一度リセットして考えたかったのです。「他校はみんなやってますよ」というご意見もありましたが、それらはすべて学校の外からもたらされたもの、学校自体は何も困らなかった。研修が停滞したわけでもなかった。リスクは少ないということです。

既存のものを「変えてはいけない」という思い込みが学校を覆っていることは多いです。変化を恐れず挑戦するチームをつくりましょう。公開研究会をやめて数年経っても、授業の質は落ちていません。教科部会でミーティングをして、新しい試みも生まれていました。数学科では、「教え過ぎない授業」をめざして自由進度学習や、定期試験からの撤退、単元テストの実施など、各教科で学びのアップデートが進んできました。これらは校長が指示したことではありません。

市内横並びの全校実施を壊してしまったことではありますが、こういうところは簡単にできる働き方改革、仕事アップデートだと思っています。

すぐできる「働き方改革」——「歓迎ナントカ様」「行事後の礼状」をやめる

働き方改革の一環として定時退勤日を設けたものの、実行できているのは校長だけ……なんて笑えない話もよく聞きましたが、今では校長先生も授業を持ったり、体調を崩して休んでいる教頭先生の業務をしたりと、どの職場も本当に大変になっています。

勤務時間を短縮するのは校長の仕事。「こんなことしなくていいよ」は、校長じゃないと、言えないしできないので、ここは積極的にやりました。そのときにあえて気にしないことはひとつ。「去年までこうだった。変えるのまずいんじゃないですか？」という助言にはあえて耳を貸さないようにしたことです。

学校視察や研修会の講師として他校を訪問すると、「歓迎　○□様」と玄関のボードに掲げられていることがあります。

私の勤務地でも、かなり前から来客があるときには玄関に表示をし、スリッパを並べておくのが大切な接遇とされてきました。私が教頭の頃は、縦長の黒板に手書きでしたが、今は手書きではなくプリントアウトした紙を掲示していることが多いです。私の勤務校でもこれをしていましたが、2年間ためておくとかなりの枚数の「歓迎ナントカ様」になりました。

校長になって、教頭に「これ、もうやめようよ。紙も手間もばかにならないじゃん」と言ったのですが、「教頭の仕事。大事な接遇」と教頭会等で刷り込みされているから踏み切れない様子。そこで、プリントをつくって関係各所に配布しました。もちろん校長名で。

プリントのタイトルは「来客歓迎掲示と行事礼状の廃止について」。

内容は、個人情報保護の観点からも来客歓迎表示はやめます。その代わり、事前の約束がある場合は校内で情報を共有して、玄関で放置したり、「誰?」みたいな失礼な接遇をしません。学校行事にお越しいただいた来賓の方々にはその場で謝意を伝えますので事後の礼状はやめます——というもの。

そもそも「歓迎ナントカ様」という表示は、今や温泉旅館の玄関くらいでしかお目にかかりません。これもいつか誰かが思いついて広がった忖度の賜物です。玄関に自分の役職と名前が記されているか点検する人も、過去にはいましたけど。

それに、いろいろな人が訪れる学校だけど、「歓迎ナントカ様」をするのって、教育行政の方や他校からの視察の方、校内研修の講師の方、などです。地域の方や用務で学校にお越しになる人にはしません。じゃあ、その線引きは何だろう?とか、そもそも設置者である教育委員会の人は来賓なのか?とかいろいろな疑問もわいてきます。

さらに、学校行事に参加したり、公開研究会に出席したりしたら、学校から礼状が丁寧に届くことがあります。ところによっては、ワープロで印字された手紙に、職員が手分けして、手書きの一行を書き加えているという学校もあるそうで、びっくりしました。

昔、30年以上前に初めて行った美容室から葉書をもらったことがあります。「そろそろ襟足が伸びてくる頃ですね、ご来店お待ちしています」と手書きの一行があったけど、今では銀座のクラブなどでもお客様へのメッセージはLINEではないでしょうか。学校だけが紙とペンと時間を昭和の時代と同じようにかけているみたいです。

そもそも、学校のミッションは児童・生徒が安全・安心に学ぶこと。それ以外の細々を洗い出して「さようなら」すれば、かなり時短は図れます。ちなみに、今まで校内研修の講師で赴いた学校から、お礼状をいただくことも多くありましたが、何通か、私の名前がまちがえて書かれていたり、前にお渡しした相手のお名前が消しわすれで残っていたり……、私もやりがちなんです。やっぱり忙しいなかでやっているんだから、やめましょうよ。

こういうことを他の学校の校長先生にお話ししたら、「うちでもやめてみます」と言ってくださいました。が、しばらく経ってお目にかかったら「礼状の廃止、頓挫しました」と。「なんで?」と聞くと、「かつて校長先生をされていた地域の方が、『やっぱりあとから礼状がないのはさみしいね』とおっしゃるので……」。

働き方改革や学校DXは職員室の中が反対していて進まないと思っている方もいらっしゃるでしょうけど、実のところ外からの引きが強いのも事実です。

でも、本校はこの路線で進めました。その結果とは言いませんが、だいたい毎日午後7時にはほとんどの職員が帰宅していました。「礼儀と接遇のなってない学校」って言われてるかもしれないけど、それは校長のせい。でも、それで子どもたちは困りません。

学校行事を変えた

●自分たちがやりたい表現をする「アサリンフェス」

文化祭や体育大会、遠足や研修旅行、昔に比べると学校行事はかなり精選されました。とはいえ、今でも学期に1回程度大きい行事があり、準備にそれなりの時間をかけて取り組んでいます。

行事が好きと言う生徒は多い。けれども、全員じゃない。

私の知る限りでも、運動が苦手な生徒は体育大会や球技大会が、歌が苦手な子は合唱コンクールが、人前に出るのが苦痛という子は文化祭や学習発表会が苦手です。

傾向として、学校の先生になる人は、「学校が好き」だった人が多いのです。部活で活躍した、生徒会のリーダーだった、勉強ができた。学校の表舞台で活躍した傾向の強い人が、「学校っていいな」「自分もあのときの○○先生のようになりたい」と考えて教職を志す場合が多いです。

私は今、初任者の指導講師として若い先生と1対1で対話をしたり、助言をしていますが、やはり「自分の専門とする教科のよさを伝えたい」「自分が影響を受けた教師に憧れて」という志望動機の人が圧倒的に多いです。「自分の中学校時代が最悪だったから、自分がこの学校ってやつを変えてやろうと思って」という人には、なかなか出会えません（そう思っていても口に出しては言えないでしょうけど、ね）。

学校行事で「正直、厄介だな……」と感じるのが、「一致団結、一丸となって」というのを先生が好むこと。昭和のスポーツ根性ドラマの「ひとりはみんなのために、みんなはひとりのために」という言葉が学校にはまだ、それなりの存在感をもって鎮座しているようです。

だけど、体育大会で、私のように、動きが鈍くて早く走れず、バレーボールをやってもレシーブができず、バスケットボールではボールが来そうもないエリアで突っ立っているだけの人間は「足手まとい」。文化祭の合唱コンクールで音痴、演劇の大道具係にまわっても段取りが悪い……そんな人にとって行事が楽しいとは言えず、何なら席について勉強しているほうがマシと思う子もいて当然です。

コロナ禍での学校行事はさまざまな規制がありました。感染リスクを避けるためにできないことがいっぱい。今までの積み上げを大事にする学校というところは、「去年と違う」が苦手です。できなくて困る……ではなくて、新たにできそうなことをやってみようよというムードが、幸いなことに朝里中学校の職員室にはありました。

従来、行事では学級対抗で競わせていました。学級という集団の協力を大事にしてきたのです。でも、大事にしたいのは、競わせることではない。異学年の取り組みから、生徒が勝手に学ぶ場を保障しようという意見が出ました。

学校の大人も、ときには生徒も「競争にしないと燃えない」「よいものをつくるためには協力が必要」と信じているものです。これはつまり、学校教育で、インセンティブがないと人は動かないし、「よき歯車となれ」ということを言語化せずに教えちゃっているのです。でも、優劣をつけるのは、必ず負ける人が生まれるしくみです。学校では、「あなたは歯車なんかじゃない」って教えたいという気持ちもありました。

プランを練る会議では「今まではこうだった」をいったん捨ててみようよ、という声が上がりました。そんな素敵な職員室に変わってきたことを実感してわくわくしました。

コロナ禍の最初の文化祭は、「体育館ではソーシャルディスタンスがとれない。だったら大きい箱でやりませんか?」という発想の転換で、市内中心部にある市民会館を有償で借りました。定員1、500人のホールに生徒260人なら十分に距離はとれるし換気も十分です。

会場までの移動は、少人数のグループでオリエンテーリング的に市内をめぐります。出発時間をずらし、交通手段も路線バスや電車などを工夫して、ここでも「三密」を避けました。街中にはいくつかのチェックポイントを設け、そこには教員のほかに保護者のボランティアもいてくださって、生徒に声をかけてくれました。そして、市民会館に集まって文化祭(いつもと違う趣向なので「生徒祭」という名前に実行委員会がしました）を行いました。

　その次の年の文化祭は、学校予算の関係から、市民会館の借り上げ料を払うのが厳しくなり、学校で行いました。オンラインと会場を工夫して分けながら実施しました。そのなかの一部で「アサリンフェス」という企画を行いました。簡単にいうと、パフォーマンスデイと言うのがよいでしょうか。つまり、ひとりでもいいし、グループでもいい。グループも、学級とか学年のくくりを外して、自分たちが表現したいことをやってみる。条件は、相互の自由を承認し、誰かを傷つけたり貶めたりしないことと、見る人に楽しんでもらえるように考えること、というものです。

　議論の途中では「何もやりたくないという子が出たらどうしますか」という心配の声もありましたが、結果として、何もやりたくない、やりたいことがないという生徒は、誰もいませんでした。ダンス、黒板アート、自作のＰＣゲーム、動画、歌、バンド、コント、学校内の装飾、自作の衣装の展示（見学タイムにはそれを着て校内を歩くというすてきな趣向でした）など生徒の発想に驚きました。

　私たちも生徒も知らなかった個性の発見で、おおいに盛り上がりました。自由が互いに保障されているってすごく気持ちのいいことなんだ。そして、他者から評価されるのではなく、自分で評価して次に進めばいい。自分で考えて自分で決める。私たち学校の大人が手を出さない、口を出さない、教えこまないことで、あの子たちは自分で調べたり人に聞きに行ったり見たりして学びます。教師が思うゴールに到達させようと、指導したり、練習したり、ときには叱ったり、そんな必要がない。放牧のここちよさ。

それに、いつも私たちは賞や順位をせっせとつけるけど、合唱もポスターコンクールもなんとかコンクールも全部の賞を逃してビリだったら、気落ちしませんか？ それは生徒のせいですか？ 教員が評価されているみたいな気になっていませんか？ 楽しい行事にそれはいらなくないですか？

実際、その後も賞や順位なんてつけなくても盛り上がりました。思い込みを捨てると、楽しいことがたくさんできるのです。

●修学旅行にはスマホ持参可

学校の先生は、デジタルデバイスをあまり信用していない傾向が強いです。控え目に言って、「毒でも塗っていると思ってるでしょ」的な距離感の人もいます。情報リテラシー教育に力を入れた成果ともいえますが、恐れるばかりで遠ざけても意味がありません。

そのひとつが、旅行行事におけるスマートフォンでした。

勤務校では9割近くの生徒が自分のスマートフォンを持っていました。以前は中学校入学と同時にスマホを買ってもらう生徒が多く、中1でLINEなどの友だちとのトラブルも見られましたが、ここ何年か、トラブルは減少していると感じていました。調べてみると、最近は小学生のうちにスマホを手にするので、それにまつわる失敗も小学生のうちに学習済みで、中学生ではそんな失敗も少なくなったと聞いて、なるほどと感じました。

ともあれ、修学旅行では、グループ別自主研修を行っています。主にキャリア教育やSDGsのテーマで旅行先の企業や団体をさがし、事前にアポイントをとり、質問事項をメールで送るなどして、実際に約束した時間に訪問するという学びのスタイルを採っていました。

土地勘のない場所で、知らない公共交通機関を使ったり徒歩で移動したりし、企業訪問、昼食、見学などを行い、夕方までに指定された場所に集合するという自主研修の1日には、道に迷う、電車に遅れるなどのトラブルを見越して、グループに1台、旅行代理店を通じてレンタル携帯電話を借り、班に貸与していました。

ところが、このレンタル代金もそれなりに高い、さらに費用を抑えようと当時はスマホではなくてガラケーを借りたら、生徒は使い方がわかりません。またスマホのような時刻表などの機能が使えないといった不便も出てきました。GIGAスクール構想で貸与された端末を持たせて旅行行事に参加させたこともありましたが、Wi-Fiがないと接続できず……。

学校って、まったく非効率なことで右往左往しているな、と感じられると思いますが、そんなこんなでスマホについては、個人と家庭で相談して持参可にしました。

生徒からの要望もあったので、生徒たちにルール案を考えてもらうことにしました。中学生がつくったルールは、「歩きスマホ」をしない、ガイドさんの話を聞くときには使わない、友だちの写真を勝手に撮影したりSNSにアップしたりしない、からかいや不快になるような言葉遣いをしない、等々が出てきました。それを分掌部会や職員会議で確認し、約束事項としました。

私たちは、「グループ別研修時に、もしも災害に遭ったら」という想定をしました。

東日本大震災のときに、東京都内で修学旅行中だった高校生がいたと聞きました。公衆電話には長蛇の列ができていた映像を見た覚えがあります。土地勘のない場所で、何が起こっているのかもよくわからず、電車は止まり、あの子たちはどうしたのだろう？　そんな思いがあったのです。

生徒たちによるルールメイキングで、使用による大きなトラブルもありませんでした。交通機関と時間を調べたり、地図アプリを使ったりすることによって、集合場所に遅れるグループもなく、安全に旅ができたことは何よりでした。

帰りの新幹線で同じ列車を利用していた市外の中学校の教職員から「中学生の修学旅行でスマホ持たせてるなんて信じられない！」という声が聞こえてきてちょっとびっくりしましたが、世の中は変わっていることを感じとりながら、職員や生徒と話し合い、バイアスを外して最適解を求めていけばいい、と考えています。

「できる」より「楽しい」を――生涯学習ゲートウェイに

私は美術教師だったので、知り合った大人や若い人が「美術は嫌いな時間だった」

とか「美術は苦手」と言うのを聞くと、自分がその人たちの授業を担当したわけでもないのに、ちょっと悲しいというか申し訳ないというか、そんな気持ちになります。だけど、自分だって体育と数学が苦手で、克服したという経験もないまま遠ざかって今に至る……なので、なんとも言えないのです。「別にできなくたって困らない」なんて言ってみても、それは適切ではなくて、確かにできないからといって人生で大ダメージを食らうわけでも、命にかかわるわけでもないけど、きっと、できたほうが、世界は広がったし、楽しみも増えただろうな、と今になって、もったいないことをしたと思います。

小学生や中学生のときの勉強は、「わかること、できること」が大前提です。ここでつまずくと、先に行ったときに大変です。みんなができるのに、あなただけなぜできない?なんて言われてしまいます。だから、本人が楽しいというのは優先順位が低いのです。

とくに体育や美術や書写、音楽、技術・家庭は成果物が人目にさらされてしまうことが多いのでごまかせません。思春期の人たちにとって、「できない＝恥」。失敗して人に笑われることは黒歴史。だからかなりの緊張感がつきまといます。笑われないように、馬鹿にされないように、と緊張する学校文化のなかで過ごすのは、本当につらい。

だから、そんな恥の時間から解放されたらうれしくて、たとえば大学に入ったら数学は選択科目で選ばなければそのあとの人生でずっと数学とは無縁の生活ができます。今まで「やらなくてはならないもの」で「できないおまえが悪い」だった勉強が、やるかやらないか、私にとっての学びのカテゴリーに入れるか入れないかを自分で選べるなんて、なんて素敵なんでしょう。さようなら、数学。さようならマット運動&跳び箱。大学に入ってもっともうれしかったのが、この「嫌いな教科とおさらばできる」ことだったとは。

ですが、考えてみると、本当は身体を動かすって楽しいことだったはずです。逆上がりや三点倒立や1、500メートル走はつらくて嫌だったけど、しっかりやるラジオ体操は気持ちがいい。数学だって、さっぱりわからない微分積分、数列や行列は苦手でしたが、すっきり解けた方程式や証明問題はおもしろかった記憶もあるのです。

学校というところは、教えて教えて、その後に「できる」「できない」で分けてしまうようなところがあったのは否めません。だけど、子どものときにできなかったことでも、大人になってからの人生にそれほど大きな影響を与えません。だったら、「好き」「おもしろい」「楽しい」を大事にしたほうが、その後の人生、学びに向かうポテンシャルは高くなるはずです。

大人になってから、楽器演奏を楽しむ、歌のサークルに入る、スポーツクラブに行く、美術館に行ったり簡単なスケッチを描く、自分の衣服を繕ったりする、など、小・中学校の学びをベースに、そこから生涯学習ゲートウェイが開くのではないでしょうか。

評価というノイズを取り除く——自分と対話し考える時間を大切に

子どもの頃、図工・美術の時間で「鑑賞」の機会があったか、思い出せません。そもそも田舎暮らしだったので、美術館に行った経験もありませんでした。試しに勤務校の職員に尋ねてみても、小・中学校の図工・美術で鑑賞の記憶はないとのこと。私は、大学受験の科目で美術史があったので、日本美術史と西洋美術史のテキストを買って、社会科のテスト勉強のようにひたすら覚えました。けれど、知識は増えても、楽しいか、わくわくするかというとそれほどでもありませんでした。うんちくやクイズの正答率には影響したと思いますが。

ところが、最近の美術の授業、とくに鑑賞はおもしろいのです。

1枚の絵をスクリーンに映し出し、「さて、この絵の中では何が起こっているんだろう?」と問いかけ、鑑賞者同士の対話をファシリテートしながら観る者が自分の感じたことや考えたことを深めていきます。作品のタイトルも作者も事前に教えません。自分が作品と対峙して心に浮かんだことを話します。個々の経験や体験に基づく感じ方の違いを知ることは、正解のない世界を考えるきっかけとして適しています。

これは、元ニューヨーク近代美術館学芸員のアメリア・アレナスが始めた鑑賞教育の方法です。今は、美術の教科書の鑑賞ページも対話型鑑賞に適したページ構成となっています。つまり、作品のページにはタイトルや作者名が記されていません。純粋に作品と向き合うことができるようなレイアウトになっていて、多くの学校の美術の授業で取り入れられています。

今、ビジネス界はアートブーム。「ビジネス　経営　アート」で検索すると多くの書籍やサイトがヒットします。

私たちは、正解主義の教育にどっぷり浸って育ってしまった大人です。美術展でも、一点ずつ丁寧に説明パネルを読む人も多いです。かつて美術鑑賞というと、その美術品の価値についての知識を得て、美術史上の価値や画家とその時代のエピソードを知る、「ものしりをつくる」時間に近かったのです。それはそれでおもしろさもあるのですが、今は「あなたはどう思うの？」と問われ、答えが「私は……」で始まる自分の感じたことを言語化する、自分なりの根拠も示しながら話し合う対話型鑑賞が主流となりました。

「有名な美術作品だからすばらしい」と権威にひれ伏すことからの脱却が必要なのです。作品の価値はその落札価格ではありません。世間や他者の評価というノイズを除き、作品と対峙し、自分と対話し、考える時間の大切さを自覚したいものです。アートとの向き合い方に関しては、今の若い人たちの方が圧倒的に進んでいます。

これは美術に限りません。私たち教育ムラの住人も、他人や世間の評価というノイズを取り除いて、目の前の人やことを見つめる時間が、もっと必要なのです。学ぶことが、競争試験を勝ち抜くことのように、いつの間にかそんな薄っぺらいものになってしまっているのは、やっぱりおかしいことなんだと。

私が出会ってきたたくさんの、学校にいる先生方は、癖も強いけど、学ぶことが好きだった人たちです。学びのなかで、自分が熱中した、楽しかった体験を持っている人たちです。数値目標とか時数とか余剰時間とか学力調査の平均正答率とか、そういうものをいったん白紙にして、子どもたちや同僚に「私が伝えたい、学びって楽しいということ」を語ってほしいと思います。そんな学校にしたいのです。

個別最適化という言葉をたくさん聞きますが、まだまだ学校と教室の中に個別最適化が住み着いている感じは乏しいです。高校入試、観点別評価など、短期的なことのためにやらなくてはならないことがあるのも事実です。

だけど、もっと先のこと、大人になって、高齢者になってからも熾火のようにくすぶる「楽しかった」「熱中した」「得意だった」ことに火がついて、人生を彩り楽しくすることに意識を向かわせましょう。未来は予測不可能かもしれないけど、そんな未来にも学ぶことは楽しくて、あなたの興味・関心はリスペクトされるということを確信して、子どもたちに伝えたいのです。

第4章

「べき」の鎧を脱ごう

「息苦しい学校」を、校長がつくっているのかもしれない

「こんなはずではなかったんだけど」なんてことは、生きていればよくある話なのですが、小さな雪の粒が、雪原を転がるうちに大きな雪玉になってしまうみたいに、予想を超えて制御不能になりました。文部科学省が開設したツイッター（当時。現X）「＃教師のバトン」のことです。

最初は、「大変だけどやりがいもある仕事。このよさを次に続けよう」という意図だったはずが、「教師の仕事を続けられない、もう無理だ」という悲鳴が聞こえてくるような悲惨な現場からの声であふれ返りました。ある人は「＃教師のバトン」を「地獄絵図」と表現していました。

もちろん「#教師のバトン」に記されていることすべてが本当のことかどうかはわかりませんが、「あるある」とうなずけるものもあり、教育現場の大変さがぎっしり詰まった140字を読むと気分が滅入って読むのをやめてしまう人も多いかもしれません。

でも、学校現場の長である校長こそ読んでおくべきです。なぜかというと、苦しい状況をつくっている、または改善せずに放置しているのは文科省ではない、それは校長のせいなんじゃないか?と、私は校長として働きながら、自戒を込めて思っていたからです。

校長には、自校の教育課程編成権という、かなり大きな権限があります。教師のバトンで訴えられている「休めないくらいたくさんの仕事がある」「学校での人間関係がつらい」という訴えは、学校現場で解決できるレベルのものです。部活動についても、スポーツ庁・文化庁のガイドラインを守っていれば土曜日も日曜日も長時間部活なんてありえません。「今までもこうだった」「生徒や保護者が望むから」と言って法や規則を逸脱するのだったら、それはリーダーとして、自分の責任を放棄していることになります。

学校に浸透している前例踏襲主義と同調圧力は、なかなかに手ごわいものです。それらは、目的・ビジョンを共通理解することではなく、手段をそろえることにその力が働きがちなので、注意が必要です。「多様性の時代」と口では言うし、文章にも書きます。しかし実際は、「ここは学校だから」「今までもこれでやってきたから」としています。学校は、今の時代と社会に適合しているのでしょうか。

効果検証も十分にされずに、経験と感覚だけで行われている指導や研修のスタイルはないでしょうか。生徒にも指導者にも心理的負担が大きい厳しい校則の見直しをせずに、人権を守れているでしょうか。

私が初めて教頭になったとき、指導訪問で指導主事にお渡しする「学校要覧」が分厚くて、驚きました。「これ、全部お読みになりますか?」と、厚さ1センチ近くになった紙をフラットファイルに綴じこみ、表紙に学校名等をテープで貼りました。理念の「見える化」は大事です。でも、見栄えとボリュームが質の高さを示すわけではないはず。

最近は、学校の「働き方改革」によって文書のボリュームも少なくなりました。量が多いほど丁寧でよろしいという価値観でなくなったことにほっとしています。だけど、3月の年度末に、研修に熱心な学校から研究紀要の冊子が送られてきます。この年度末に印刷、丁合、製本、そして鏡文をつけてすべての学校に発送する手間を考えると、頭が下がりますが、正直この時期にページを繰って読む人はいません。回覧しても誰も開くことなく、その後は書棚に突っ込まれて終わりになりがちです。研究の成果物などは、PDFにして、学校ホームページにリンクを貼りつけるだけでよいのではないでしょうか。そのほうが、必要な人がいつでもリーチできます。

校長、教頭は「管理職」と呼ばれますが、私は「管理職」ではなく「経営職」だと考えています。言葉とはおもしろいもので、「管理職」と言われると「管理しなくちゃ」と思ってしまうのです。そして、管理が支配になったり、専制に変わったりすることも、残念ながらあるのです。

成長している企業の経営者は、「業界でみんなやっているから」「自分がこう思っているから、ほかのところもそうだろう」などと考えて会社を経営してはいないはずです。毎月、毎年見直しをして、ときに大胆に経営方針を転換させますし、何より人を大切に育てます。

人を育てるためには、若い頃の学びを使いまわしてしのげる時代ではなくなりました。自分も勉強しなければなりません。目的・理念を浸透させるためには、丁寧な説明と対話が必須です。そして理念を浸透させ、そこから最適解をつくりあげていく組織でなくてはならないのです。

校長室のホワイトボードに貼ってある野口芳宏先生の「なぜか、本当か、正しいか。」の言葉。野口先生は文章をクリティカルに読むために、この言葉を使われました。私は、物事を決める場面で、この言葉をフィルターとして使っていることに気がついたのです。土をふるうように、この言葉でふるいにかけるのです。

学校は学びをつくる場所。そして人が育つ場所。

何のために、誰のために学校はあるのでしょう。「どっちを向いて仕事してるんだよ」と若い人たちに言われないように、前例や忖度を捨てて毎日アップデート、そして「教師のバトン」や「経営職のバトン」を笑顔で受け取ってもらいたいのです。

学校は、夢や希望という言葉を好んでよく使います。そんな美しい言葉を吐きながら、もう一方の手で若い翼をへし折ったりしない、自分で考えて決めることが許される、そんな学校をつくりましょう。「なぜか、本当か、正しいか。」と問いながら。

余白をつくって、背負った荷物を降ろしてからじゃないと、本当にやるべきことを見つけることができません。余白をつくって、ゆったりした気持ちで子どもたちと向き合い、寛容に、フラットに話すことを嫌がる教職員はいません。子どもたちだって、そうでしょう。評価や進路や将来のことはまず置いておいて、自分のことを大事にしてくれる身近な大人が学校にいてくれたら、自分の生きている世界はそんなに悪くない、って思えるのではないでしょうか。

行政文書の「校長のリーダーシップ」

いつの頃からかわかりませんが、「校長のリーダーシップで」というフレーズを行政文書のなかに見つけるようになりました。また、伝達研修や行政による講話のなかにも「校長先生の強いリーダーシップで……」と出てくることが多くなりました。

リーダーシップって何ですか？

このあたりの話を校長同士ですると、どうもかみ合わなくて、違和感や居心地の悪さがつきまとうことがあります。概念や定義が定まっていないので、人によってずいぶんその受け止め方が異なるのです。

マネジメントとか組織力、人間力なども同じです。時代とともに変化するから、定義を固定することがむずかしいのです。リーダーシップや組織開発についてはビジネス分野でたくさんの本が出版されているので、本を読んだり自分と違う分野の人と語り合うなどしてブラッシュアップしないと、とっても狭い世界に入り込んでいきそうでちょっと怖いものがあります。


リーダーは殿様であってはなりません。殿様や王様は、三角形の頂点に立ち、下々から畏れうやまわれている人というイメージがあります。自分自身、こんなふうに好き勝手なことをずけずけと喋ったり書いたりしているので、さぞや怖い人……と思われているでしょうけど、職場で怒りを爆発させたりはしません、基本、不機嫌な日はありません（と思っています）。

殿様ではないなら、自分の機嫌は自分でとるのがいいです。かつて自分が子どもだったとき、日によって機嫌の善し悪しが大きく変わる先生がいました。初任のときにも同じような先輩教員がいました。日によって、人によって対応が違う上司や先輩がいる……これはすごく疲れます。

部下に気をつかわせてはいけません。そのエネルギーはもっと生産的なものに使ってもらった方がいいのです。人は、不機嫌な人には相談しません。困ったことがあっても、相談するよりは隠します。そして問題は大きくなります。

「なんでこんなになるまで発覚しなかったの？」というような事件や不祥事の陰には、怒って誰かのせいにする管理職がいるんじゃないでしょうか。

校長は、幸か不幸か経験年数だけは長いので、たいがいのトラブルも経験済みです。失敗して学んだことを引き出しにつめこんであるので、何か起きてもそんなに驚きません。自分より若い人たちの失敗はウェルカム。初期にわかったらすぐに手を打てます。解決できたときに多くの学びになります。リーダーシップのかたちはさまざまあるでしょうけど、怒っちゃダメ、と思っています。

入山章栄氏の『世界標準の経営理論』という白い表紙の厚い本があります。経営学の本ですが、どこから読んでも大丈夫、という章ごとにコンパクトにまとまっている、参考書のような1冊です。

この本のなかにリーダーシップについてのページがあり、これまで研究されてきたリーダーシップのかたちが紹介されています。この章を読むだけでも「自分の背中を見せて示す」という曖昧なリーダー像ではないさまざまなリーダーシップがわかります。

気のせいかもしれないですが、今まで学校現場で「リーダーシップ」をどう考えるかという話題になると、この「自分の背中を見せて示す」と表現される方が多いです。でも、こんな忙しい学校では、人の背中を見るなんて時間はないよ。もっと言語化して、リーダーシップって何？って話をしたほうがいいと感じます。

さらに、なぜだろう、リーダーを語るのは校長だけ？　リーダーシップもマネジメントも、どんな世代であれ職位であれ考えておくべき、そして行動するべきことです。「あなたは初任者だからリーダーシップもマネジメントも関係ないだろうけど」なんてことはあり得ないです。私はどんなリーダーになりたいか、それを話題にしてトークするのもおもしろいはず。

私が自分でしっくりくるのは「シェアドリーダーシップ」。つまり「この部分はあなたにおまかせ」「ここは〇〇さんにおまかせしよう」と、得意な人に中心になって進めていただきたいというスタイルです。

それは、私が何でもそつなくこなせるような優秀な人間ではなく、得意な人や関心のある人にお任せすることで、その人が楽しそうに、工夫して仕事を進める姿がいいな、と感じるからです。

ちょうどコロナ禍で一斉休校になったとき、オンライン授業をどうするかを考えなければならないと思いました。そのとき目にしたネットの記事で、「これはどうだろう？」というものがありました。記事を読んでも自分がすぐに着手できるほどスキルがなかったので、主幹教諭に相談しました。「ちょっとやってみますね」と答えた彼は、数日ののちに全校生徒のアカウントを作成し、オンラインで双方向の授業や学活ができるようなしくみをつくりあげました。

自分でやろうとしたらいつまで経ってもできないことをさくっと実現させるなんてすごい。自分の苦手なことができる人に対しては最大限の賛辞を送ります。「ビジョンを共有できたら、あとは放牧」といつも言っていますが、放牧のためのリーダーシップは管理的であってはならないと思っています。

昔も今も少数派。女性中学校長

自分が小・中学生の頃、昭和後期には女性教頭や女性校長に出会ったことがなかったから、そう考えると少しずつ数は増えているのだろうけど、それでも女性管理職はいまだに少数派です。やはり教頭職を通過しないと校長になれないしくみがあるので、学校で仕事をして、家庭でも子育てや介護などを担うことを考えると二の足を踏むのは本当によくわかります。

だから、「女の先生たちは責任ある管理職って仕事につきたがらない」と困り顔で話す男性管理職や教育行政の方々の話を聞くと、「そういうわけじゃないよね」と思うのです。子育てや介護は女の仕事と日本ではまだ多くの人が思っていて、実際に担う時間も女性のほうが多いのです。体はひとつしかないのだから、優先順位を考えたら仕事で調整するしかないのです。

思い切って昇任試験を受けて管理職になっても、女性管理職を増やさなくてはという昨今のムードが追い風になるかというと、そうでもなくて、「女性だから人より早く校長になれた」とか「女性枠があるから優遇されている」みたいな話を同職の男性から言われたりする。教頭会や校長会などの任意団体においては女性がなぜだか会計係など庶務的な役割を振られることが多く、スクールリーダーの集まりにもジェンダーバイアスが横行していると感じることも多くありました。

小説家の林真理子氏が、日本大学の理事長に就任されたときに「マッチョな体質の古さを変えたい」とおっしゃっていて、私は、その「マッチョ」という言葉に深く共感したのだけど、女性管理職であるということは、男子だけのスポーツチームのロッカールームにいるみたい、そんな居心地の悪さを感じたことがあります。

たぶんサポーターやアシスタントとしてプレイヤーを応援し、細かいことに気遣いをする役割なら、居心地は悪くないでしょう。だけど、突然プレイヤーとして参入するとか、さらにコーチや監督になると、たぶん男性もとまどうのでしょう。でも、お互いに微妙に居心地が悪くなっても、世の中は変わっていくのだから、互いに折り合いをつけるしかない。そんな社会になったのだから、変わらなくちゃ。

私は退職時に、地域の年配男性に「5年前、新しい校長先生は女性だと聞いて、『大丈夫なのか?』と感じたんだけど、校長先生みたいな女の先生もいるんだと感心しました。いい学校にしてくれて本当に感謝しています」と言われて、喜んでいいのか、いやいや、でも昭和生まれの人の共通した感覚なのかもしれないとちょっぴり複雑な思いをしました。

ともあれ、女性はひとあたりが柔らかいと感じられる人が多いので、話しやすい、相談しやすいと思われる傾向があります。あくまでも傾向とか印象ですけど。学校現場にいると、保護者として来てくださるのはまだ圧倒的に母親が多いので、相談しやすい、と思ってもらえるのはありがたい。私もさまざまな保護者の方のお話を聞き、校長室の中にいるだけではわからない、いろいろな情報に触れたり、母親として共感しつつ話し合ったり、と、やりがいを感じる場面は多かったです。

後輩には、「旅館のおかみ」とか「スナックのママ」みたいな存在感でいいんじゃない?と話します。女性管理職は数が少ない、ロールモデルが少ないというけど、別にモデルなんて外につくる必要はない。「〇〇であるべき」という「べきの上着や鎧」を脱いで、自分らしく機嫌よく、自分が託されたことを忘れず、子どもたちや職員のことを考えて働けばいいんです。

隠さない、嘘つかない。「無謬」という言葉をこころに刻む

ホラー映画は、「開けてはいけない扉を開ける」とか「見ちゃいけないものを見てしまう」ことから、おぞましい展開になるというのがお決まりのパターンです。スクリーンを見ながら「あーあ、だからやめときゃよかったじゃん」とつぶやいてしまいますが、教育界にもそんな「ダメ絶対！」を無視して悲惨なことになるケースがあります。

それは「隠蔽」です。いじめ、パワハラ、不祥事などのニュースで、証拠となるアンケート用紙を破棄する、聞き取った内容を伝えない等、社会を揺るがす大事件になるのに、そして絶対バレるのになぜ隠すのでしょうか。

最近では、時間外勤務が増えることを嫌ってタイムカードを改ざんせよと命じる管理職がいるそうですが、あり得ません。私は年に一度の職員健康診断で問診票に体重を過小に記載し、「今年から実際に計測します」と言われ体重計に乗ったときのバツの悪さから、改ざんは絶対しないことにしたのだ。あの恥ずかしさったらない。

でも、時間外勤務を過小に報告させる、生徒のいじめの証拠を隠す等のズルはひと

りでやっていることではありません。そこには「組織的な」圧力が働いています。どこそこの学校は時間外勤務が多い、あの自治体の問題行動件数が多いなどと順位をつけるから、そしてどこからか締めつけがあるから、見栄を張りたくなって隠しちゃうというのが人間の性《さが》というものなのです。

いじめはどこにでも起こりうると言う割には、起きたら責めるでしょう？　何をしたか／何をしなかったからこうなった？　誰が悪い？と追及していくと、本筋からそれていくことも多いです。学校に足が向かない子どもに「なぜ、どうして学校に行けないの」と問い詰めたら、苦しくなって大人が納得してくれそうな理由をつくりあげることはよくあることです。

「問題が起きないのが、いい学校」という認識を捨てなければ、これからも隠蔽はさまざまなところで起きるでしょう。問題を共有できないと、解決策も未然防止策も見出せません。人育ての場で見栄や体裁は捨て、困りごとはオープンにしましょう。

私は大学院入学時に、日渡円先生から「無謬」という言葉を教わりました。恥ずかしながら50歳を過ぎるまで知らなかった言葉です。「公務員の無謬性」というように使われます。つまり、行政は自分の打った政策には間違いがないとする、ということです。また、自分たちの仕事には間違いがあってはならないという、自分を戒める言葉でもあるのでしょう。

そのときには、「ふーん、なるほどね」と思っていたのですが、公務員が「無謬」にこだわるあまり、失敗したことを「失敗じゃない」「間違っていない」ようにごまかすこともあるんじゃないか、と何か事件や事故が起きたときの報道を見て違和感を抱くこともあります。

間違いがないことは大事、だけど、そこにこだわるあまり、あったことを無いことに、無いものをあることにするなら、まったく意味が異なります。それなら「間違いでした」と認めるほうがマシです。

日渡先生が、この言葉とともに「正当性」という言葉も使われていたのを思い出します。「なぜか、本当か、正しいか。」を先生なりの言葉で示してくださったのだと、今は感じています。日渡先生は病に倒れ、2023年6月に亡くなられました。「それは正しいことなの?」と尋ねる声と表情が今でも蘇ってきます。私にとっての無謬は間違わないことではなく、正しいこと、そして嘘のないこととして刻まれています。

「先生が足りない」問題

「戦争のプロは兵站を語り、戦争の素人は戦略を語る」という言葉があります。歴史学者の石津朋之氏が、戦史家のマーチン・F・クレフェルトの著作『補給戦――何が勝敗を決定するのか』を解説した際に使った言葉です。

クレフェルトは、著書のなかで「兵站の分野――戦争という仕事の10分の9はこれだと言われている」と述べています。私はその言葉を初めて耳にしたとき、あまりピンと来ませんでした。当時は管理職になったばかりで、何かにつけて「策」つまり戦略を考え実行することを求められていましたから。

教頭昇任試験の小論文を書くときにも、「論・例・策」をしっかり立てて書け、とくり返し言われて、とにかく「策」をひねり出し実行せよというのがミッションと感じていました。

ちなみに、教頭昇任試験を受ける人も少なくなり、ついに数年前、北海道では教頭昇任試験から小論文試験がなくなりました。小論文を書くのが嫌なのではなく、書いたものにあれこれ指摘されるのが嫌いだったわがままな私は、試験対策の勉強会がとても苦手でしたが、今思えばあれは文章を書く鍛錬になっていました。当時、箸にも棒にもかからぬであろう私のつたない文章を読んでアドバイスくださった先輩校長先生方には本当に感謝しています。

さて、学校のリソース問題です。今あらためて、学校のことを考えると、「はい、兵站が大事です。本当に大事です」とひれ伏したい気分になるのは私だけではないでしょう。

2023年の春も、夏も、全国各地で先生が足りていません。

私が高校、大学生の当時は『3年B組金八先生』などの学園ドラマがたくさん放映されていた時代、「荒れている学校に勤務するのはキツいだろうな……」と恐れながらも、「教師っていいな」と感じる人も多く、教員採用試験の競争率は高かったです。

今の非常事態を乗り切るために、大学3年生のときに採用試験に合格できるようにするとか、教員免許状を未取得でも教員になれるしくみを検討しようとか、さまざまな案が出されています。でも、それらが最適解にはならないでしょう。戦時中の学徒出陣ではないのだから、教育職を続けていくために必要な学びを修めさせてもらいたいのです。そもそも、学校の教員って仕事の難易度は高いと思います。専門的な知識が必要ですし、相手は人間です。感情労働といわれます。

そして、採用されてからの学びをもっと手厚くしなくては、若い先生はつらいだろうなと感じます。4月に現場に配属されてからの学び、いわゆる「初任者研修」の内容のアップデートが急務だと感じています。

昔と異なり、人的・時間的に余裕のない学校現場では新人にOJTをする時間が十分にとれません。学校の4月はとくに忙しく、誰もが自分の担当する仕事をするのに精いっぱい。初任の先生は「何がわからないのかわからない」状態で数日を過ごします。でも、その数日後には始業式、入学式で児童・生徒が登校してきて、ひとりで授業をしなくてはならないというケースがほとんどです。教育実習生のときのように、先輩教員の授業参観やT2（チームティーチングの2人目）として何週間か過ごすということはできません。

そして、今教職に就いたばかりの人は大学時代に新型コロナウイルス感染予防対策で教育実習を経験していない人もいることを忘れてはいけません。当時、大学も長期の休校に入り、人の出入りを極端に避けていた日々、教育実習を別の教科の履修で読み替える大学もありました。教育実習を経験していない初任の先生がどれほど不安なのか、想像すると胸が痛みます。でも、学校現場はそのことを知りません。

それから、実際の授業、子どもたちや保護者との対話、欠席しがちな児童・生徒への対応、特別活動や部活動、文書の作成、そして教育活動の根拠となる学習指導要領、各種法令、学校管理規則……大学では、一般論としての学びが多かったものが、具体となって押し寄せます。大学も、教育学部の教員養成課程を卒業した人ばかりではなく、大学での学びもさまざまです。

多様性があるのはよいことなので、採用されてからの学びを体系的に、価値あるものに変えていかなくてはなりません。GIGAスクール構想、令和の日本型学校教育についてもくわしく知らないまま教壇に立つ人もいるでしょう。困ったときにどうするか、多くが自分が児童・生徒と同じ年のときに受けた授業を、指導を、思い出して再現してしまいます。あの頃とは学習指導要領も異なっているのに……ということが起こるのです。

私は「再現性モンスター」という名前をつけましたが、このモンスターは誰のなかにも潜んでいると思います。「教育改革は学校の玄関から中に入ってこない」という言葉をどこかで耳にしました。そうなるでしょう、学ばなければ。だから急がば回れ、です。

学校や自治体は、初任者を使い倒すのをやめましょう。若くて元気、子育ても介護もまだ担わなくていい、独り身だったら部活の顧問もできるよね、とばかりにたくさんの仕事を押しつけないことです。まずはじっくり学んでもらいましょう。初任者に割り当てる仕事を減らして、ＯＪＴでしっかり学ぶしくみをつくりたいです。

それから、初任者だから若くて独り身なんて決めつけないほうがよいです。教員不足から、採用試験の受験年齢上限を引き上げているところも多いです。新採用だけど子育て中です、親の介護を担っています、学年主任より年齢が上ですといった多様性があることは当然の時代ですから。私は、「今までこうだった」が通用しない時代を歓迎したい。だけど当事者である初任の先生方が困らないように、現場任せではなく、しっかり育てるための実効性あるプログラムを開発・実行することが急務だと考えています。

兵站はヒューマンリソースだけではありません。

学校のなかの人たちのマインドが変わらない限り、自分で考えて仕事を減らさない限り、「先生が足りない」問題は解決しません。今の状況で教員定数を増やしたところで、仕事を減らし、働き方を変えない限り抜本的な改善にはならないはずです。

いまだに外部との連絡には電話とファックスが主な手段の学校、アンケートや行事への案内を印刷して配布し、回収したものを手集計している学校、集金は集金袋に現金で納入してもらい、空き時間や放課後に教員が金を数えている学校、地域とつながりを持たず自前主義でやろうとしている学校、そしてGIGAスクール構想で配備された1人1台端末の自宅への持ち帰りを許可しない、何かトラブルがあったら困るから、という学校――そういうマインドを変えない限り、人を増やしても解決しません。

そう、こんな学校のままだと、人は増えないでしょう。

人間だけが兵站なのではありません。そして、リソースが乏しいのではなく、活用していないから、いつまでも楽になっていないのです。そこはもう変えなくてはなりません。

学校DXは、運転免許の取得に似ています。運転免許を取得するためには、金銭的な負担と教習を受ける時間が必要です。働きながらだとなかなかにきつい体験です。でも、ひとたびライセンスを手にして、車も持ったら、行動範囲は広がるし、時間は有効に使えるし、楽しい。まず、やってみましょう。

権利という武器の磨き方

何度か書いたとおり、私は中学生の頃から数学に苦手意識があります。けれども、証明問題を解くことは好きでした。与えられた条件がはっきりしているので、それを使ってゴールまでたどり着く過程がおもしろかったのです。ロールプレイングゲームでも、自分の装備や持っているアイテムの特性がわかっていると、それらを組み合わせて戦略をたててゲームを進めることができます。社会生活でも、自分が保持している武器、権限、権利を把握しておくって大切なことです。

ところが、長い教員生活をふり返って、子どもたちに対して「これが君たちの持っている権利だよ」と、わかりやすく示して、「私たちはあなたの権利を守るから。あなたも行使してね」と約束したか、と問われると、まったく不十分だったと恥ずかしくなります。

全40条からなる「子どもの権利条約」を日本が批准してからもうすぐ30年。子どもの権利条約の、たとえば、子どもに関するすべての措置は子どものことを第一に考えて行われる（第3条）、子どもたちは自由に自分の意見を表明できる（第12条）、あらゆる暴力から保護される（第19条）、学校のきまりは、子どもの尊厳が守られるという考えからはずれるものであってはならない（第28条）等々が当たり前のこととして、学校のなかで守られていたでしょうか。

平成の前半ごろまでは、日本ではこういった意識はとても低かったように思います。「権利を主張する前に義務を果たせ」と言ったり、ケータイ、マンガ、CD、ゲーム機等々、学校に持ち込み禁止のものを没収して返却しなかったりとか、子どもたちの訴えを軽視するふるまいがよくありました。子どもが自分の考えを主張しても、「ルールを破るおまえが悪い」と叱られて終了ですから、生徒は口をつぐんでいました。

弱い立場の人たちの権利は、最優先で守られるべきなのです。でも、支配する者からすれば、権利などというものが自分にあると気づかないでくれるほうが楽です。思いどおりにできるし都合がよい。でも、それは社会があるべき姿ではありません。苦野先生の「自由の相互承認」の空気が、今の学校に満ちているでしょうか。

学校のなかで、弱い立場の人たちはどうでしょうか。校長先生は、非正規雇用の職員や、初任者層の職員に「権利」というアイテムやルールを知らせているでしょうか。かつて北海道は教職員団体にほとんど全員が入っていましたから、権利を教えるのは組合の役目、と思っている管理職もいるかもしれません。でも今は職員団体に加入している人は以前に比べて少ないです。そもそも任意団体に頼らずに済むように、労働条件や給与明細の見方は採用時にきちんと伝えるのは当然のことです。

でも、勤務時間と休憩時間、休暇、諸手当、それらをくわしく知らないままに働いてきた人が思いのほか多いことに驚きます。仕事も十分に覚えていないうちに権利を主張することが許されないという雰囲気があるからでしょうか。

でも、権利って、人よりいっぱい働いたから、とか、従順ないい子にしていたから、とかのご褒美ではありません。誰でも必要なときに行使できるものなんです。だったら、それを伝えないとか、隠していると思われてしまうようなことは、公正じゃありません。

今、学校では人が足りません。それもあって、多くの自治体が教員の新規採用年齢を引き上げています。昔のように20代前半の新卒が学校に配属されるわけではないのです。介護が必要な家族がいる、幼児の子育て中、多様な人が初任者として学校で働くのは珍しくなくなりました。学校に長くいた人たちが言う「普通」は通用しなくなっているのです。新しく学校に入ってきた彼らがどんな権利を持っているかを知らせずに、ただ「がんばれ」と声をかけるだけでは続かないでしょう。

校長もまた、自分の権限の範囲が明確ではない、と悩んでいるという話を聞きました。「ええっ?」と聞き返したのですが、どこまで自分の判断でやっていいのか迷うということだそうです。自校のことを自分の判断で、と思っても教育委員会や他の校長から横並びを求められる。ひとりだけ抜け駆けができないムードがある、と。

ですが、法令に基づく権限で最適解を導き、改善に結びつける行動を起こせるのが、校長です。そんな周りへの「おうかがい」なんて立てずに、やればよいのです。

誰もが自分の持っているアイテムを確認して、適切に使えるようにしてこそ、持続可能な学校が実現できます。働き方改革は手詰まり感があるように言われていますが、今こそ根本に戻って整理したいものです。

そして、武器はいつも研いでおかなくては。私たちの武器を光らせる砥石は「アンラーン」だと思います。

第5章

放牧マネジメント——職員とともに学校をつくる

心理的安全性が保たれている職員室

●増加傾向続くメンタルヘルスの問題

労働は、その内容に応じて「肉体労働」「頭脳労働」「感情労働」のカテゴリーに分けることができ、看護師、介護士、保育士やコールセンターの職員、そして教員のお仕事は「感情労働」に入るそうです。もちろん、教員は肉体も頭脳も使って働いていますけど、より比重の大きいカテゴリーに振り分けられたのでしょう。人の感情の動きに対応しなくてはならないこれらの業種に限らず、メンタルヘルスの問題は深刻で、過去の複数の調査でも休職者数が増加傾向にあることが明らかになっています。

メンタルヘルスの問題に起因する休職者数の状況は、48頁でふれたとおり、増え続けています。最新の2022年度調査結果では、20代の増加率が著しいこと、また、精神疾患で有給休暇を使って1ヵ月以上休んでいる教員も5、653人いますので、休職中の教員と合わせると1万2千人以上です。復職したもののまだ本調子ではない、といった統計に表れない人もいますので、学校の厳しい状況は、学校で日々働いている方々には肌感覚でわかることでしょう。

●教職員を潰さないという意識を持つ

「心理的安全性の確保」という言葉をよく耳にするようになりました。組織のなかで、いわゆる「声の大きい人」への忖度や同調圧力を廃し、フラットな立場で意見が言えること、意見や指摘をしても拒絶されたり軽んじられたりすることがないという暗黙の了解のある場を指します。

学級担任をしていると思い当たるのですが、このような心理的安全性が保たれている学級では、いじめやいじり、不登校などが起きにくい傾向がはっきりしています。担任の先生や学年チームの意識や努力により、こうした環境をつくり出せている教室が全国にあるでしょうけど、職員室についてはまだまだハードルが高くて……とお悩みの校長もいらっしゃると思います。

経営者である校長には多くのミッションがありますが、自校の教職員を潰さないというのも大切なことです。前線で奮闘する教職員のつらさを感じとり、適切に必要なリソースを補給し、支援・救援すべきなのですが、実際はスタッフが休み始めてから、ことの深刻さに気づくという場合も多いのです。それくらい、学校の毎日は目まぐるしく忙しいですが、それと同時に、「自分が教頭のときは、もっと大変だった」「この程度でめげているようじゃダメだ」といった生存者バイアスが学校のなかに存在していることも、原因だと思います。

学校のなかで、顔色が悪い、児童・生徒や保護者、同僚とうまくいっていないみたい、疲れている人はいませんか。「先生、2、3日休んでリセットしなよ。替わりにいる人でやりくりできるから。大丈夫。今はあなたが大丈夫じゃなさそうだから。ね」と、休んでもらうこともありました。2、3日もしくは1週間その人が休んでも、学校は転覆しない。今無理をさせて、潰れてしまうよりも、今の判断が大事です。

今、学校現場でリーダーになっている人たちは、過酷な状況を生き延びてきて今があるわけですが、それでも今に至るまでに「仕事を続けていけるかどうか」という苦しい時期もあったはずですし、かつての仲間のなかには志半ばで現場を去った方もいらっしゃったでしょう。

これからは多様性を大切にしようという割に、自校のスタッフの多様性を受け入れることができない職場が、教職員を孤立させ、追い詰めてしまい、結果、学校が息苦しい場所になってしまっています。働き方改革では、仕事を減らすというより時間短縮ばかりが目的化しているようで、懸念しています。「働きやすさ」と「働きがい」を持ってもらうためには、各々に任せること、チャレンジを推奨し、失敗を責めないことが必要なのではないでしょうか。

●「若い衆ミーティング」で理想の職場を語り合う

職場に20代の若い職員はどのくらいの割合でいますか。学校規模が小さくなったことや、再任用職員が増加したことなどにより、職員の年齢層が上がっていませんか。それ自体悪いことではないのですが、初任者層が薄くなり、学校のなかで若い職員がひとりしかいないとか、ごく少数派という状況も散見されます。

私は勤務校で、定例の若手職員ミーティングを開いていました。このミーティングを「若い衆ミーティング」と名づけました。20代の職員にメンター役の30代教員1名をつけ、空き時間をそろえて2週間に一度くらいのペースで勤務時間内に50分、肩のこらない情報交換会を行うのです。

日常のなかで、「これ、どうしていますか？」と尋ねたいこと、授業や生徒についての相談ごとなど、メンターが用意したテーマについて話し合います。ほんの50分ですが、「若い衆ミーティングがあって助かった」「学校って、変えていいんですね」という感想をもらい、若い衆だけでなく自分も元気になる時間でしたと、たまたま同席した教頭が話していました。

あるとき、「理想の職場ってどんなの」について語り合いました。するとこの場で以下のような意見が出ました。

▽年上や管理職とも話しやすい
▽コーヒーブレイクなどでちょっとした交流や情報交換ができる
▽笑いがある
▽うまくいかないことも相談しやすい
▽ハラスメントがない

▽広い作業台があり、すぐに活動に取り掛かれる整頓された空間がある

ひとつひとつはどれも当たり前のことなんですが、実際できているかというと厳しい現実も見えました。年長者は、弱っている人に「よかれ」と思って自分の成功体験や方法論を語るということをついやってしまいがちなのですが、それはあまり得策ではないのです。それよりも救援のためのリソースを送り込むことのほうが効果的なのです。もちろん校長自らが救援隊として盾になり、助けてあげなくては。そして、問題が解決したら一緒に笑えばいいのです。

「ちょっぴりハードだったけど、新たな発見もあってよかったよね」と。

校長は、いつでも機嫌よく、暇そうに校内をぶらぶらしているほうが問題解決は速いと思います。殿様じゃないので、部下にご機嫌をとってもらおうなんて思ってはいけません。子どもたちと、彼らの前に立つ職員をエンパワメントするのが、校長の仕事でもあるのです。

●不規則発言ウェルカム

とある学校の実践発表を拝聴していて、頭の中が「？」マークでいっぱいになった

ことがあります。

それは、「本校では『授業中の不規則発言を禁じる時間』を設けています」というフレーズです。不規則発言って、議会などでヤジをとばすことだと思っていましたから、「授業のなかでの不規則発言って児童・生徒が教員にヤジをとばすこと？　そりゃいかんな」と思ったのですが、どうやら授業の流れと直接関係ない、大きめの呟きのことを言っているよう。「私語」とも違い、教師の発問に対して、的外れや飛躍しすぎた発言などのことらしいのです。

でも、それ、禁じちゃいますか？

今まで、自校の授業をたくさん参観してきましたが、活気があり、生徒がよく学んでいる授業は、生徒がリラックスしながらも集中しています。教員の問いかけに、挙手と指名がなくても発言があり、すぐれた指導者は、すこし的外れな発言もうまく拾って、ほかの生徒の思考を揺さぶったり、他の生徒につけ加えたい発言を促したりしながら本質に迫っていきます。

指導案に書いてある「予想される生徒の反応」以外を「不規則発言」と切り捨てていく授業で、学びは充実するのでしょうか。的外れな発言をした生徒は、お呼びじゃない存在にならないでしょうか。そんな扱いをされて、授業にコミットできるでしょうか。クラス全員の学びの質は上がるのでしょうか。

たとえば、授業中、教師の問いに対して自分の考えを（勇気を持って）発言したとき、即座に「ほかには」と他の生徒の発言を促す先生。それって、生徒は「君の意見は的外れ。お呼びじゃない」って言われている気分になるのを知っていますか。

「職員会議においても、『不規則発言』として扱われ、自由な意見が言えません」という記事を目にしたことがあります。職員会議で提案を通したい場合には、反対意見が邪魔になるから「この件については、すでに企画委員会等で検討したことなので、つべこべ言わないで従ってほしい」、そんな空気になっちゃっているのでしょうか。

「不規則だからこそ、対話につながる」、私の尊敬する実践家の言葉です。

学校の先生は金子みすゞの「みんなちがって、みんないい」をよく引用するけれど、本当にそう思っているの？と、問いたくなるような事案が多くなっています。違っているのがいいんだったら、もっと対話を大事にしようよ、と思うのです。

だけど、この不規則発言禁止事案にしても、いまだに「授業は教員の指導のもと、規律正しくあるべき」という思想が根っこにあるのでしょう。

リーダーとしてのふるまい的なビジネス書はたくさん出ているのに、そういう書物を読んでいない自分がリーダーとして理想のふるまいとは、などと語ることはできません。でも、これだけはやらないほうがいいです、という地雷のようなポイントは数少ないけどあります。そしてそれはそのまま、子どもたちがされて嫌なことにも重なるのです。

不機嫌は罪

人生晴れる日ばかりじゃないのは知っていますが、学校で、校長が、いや校長だけじゃなくて、学校の大人たちが努力してやらなくてはいけないのは、機嫌よくいることです。

ちょっと高級な温泉旅館に泊まると、夕食時に部屋に女将さんがごあいさつに来てくれたりします。今はそういう習慣はなくなったかもしれないけど、でも宿のなかで「女将さん」はゆったり笑顔で余裕のある感じです。眉間にしわをよせたり、厳しい表情の人のもとで人はリラックスできませんし、そんな人に相談なんてできません。ましてや自分の失敗を話すのはとても無理です。

ずいぶん前ですが、友人とイタリアンレストランへ食事に行きました。小さな店は混んでいて、予約しなかったのですがなんとか座れました。メニューをみて注文を済ませ、談笑していると、なんだか厨房から聞こえる声や物音が不穏です。フライパンやボウルをガチャーンと置く、ホール係のバイトの若い子を怒鳴る……とにかく厨房のシェフが怒り炸裂しながら料理をつくっている状況。

もしかして、私が頼んだ「チキンのトマト煮」と友人が頼んだ「イカ墨のパスタ」、それと「シェフの気まぐれサラダ」が手間かかりすぎで怒りを買ってしまったのか、と心配になるくらい。友だちと話すのもはばかられるくらいにキッチンから伝わってくる怒りの波動……。

学校でも、同じようなことはないですか。授業中にひとりの生徒をものすごい勢いで叱る先生。声も大きいし、怖くて、叱られているのを見ている生徒が過呼吸になったり、貧血になったりするくらい。そして、先生が長々と怒りを爆発させている間に、聞いている生徒もだんだんその大人の言っている内容の矛盾に気づいたり、反発心がわいてきたりします。そしてますます関係性が悪くなるのです。

昔は「教師だって人間だ」と言う（教師に限らず医者、僧侶、銀行員などさまざまな職業が入りますが、日常的に大声を出さないような仕事の人が多い）人もいましたが、今、それは通用しません。失うものが大きすぎるのです。緊急的に危機回避をするための大声や静止、禁止命令や指示はありえます。でもそれ以外で怒り狂うのは、やめたほうがいいと、経験者は思うのです。私も若いときは何度か失敗しました。

ビジネスパートナーであって家来ではない教頭

教頭先生に限らない話ですが、とはいえ圧倒的に教頭先生からよく聞く言葉が、「私がかつてお仕《つか》えした（〇〇校長は）」です。

私は「えっ？　お仕えする？　江戸時代？」と本当にびっくりするのです。だって、「お仕えする」なんて、子どもの頃に読んだ童話のなかでしか存在しない言葉だという意識がありますから。歴史上のエピソードで、殿様の草履を懐で温めて待った若き日の秀吉とか。

たとえば現代において、召使いとか使用人なんて言葉は使いません。まるで時代劇のなかの手代とか番頭みたいです。ああ、教頭のことを番頭さんと称する場面には何度か出くわしたなあ、と思い出したりしますが。

上司と部下という関係はどこにでもありますが、民間企業で「お仕えする」などとは言わないのではないでしょうか。「〇〇さんの下で働いた」とか「〇〇さんが直属の上司でいらした」などと言うのではないかと思います。

学校教育法に「教頭は、校長を助け、校務を整理し、及び必要に応じ児童の教育をつかさどる」とありますが、家来になれとは書かれていません。私は校長時代、教頭には「あのさぁ、あなたは私の家臣じゃないのよ。学校の共同経営者だと思っているから、なんでもかんでも『はい』とか『御意』とか『かしこまりました』とか言わないでね。一緒にビジョンを共有して、地図を描いて、どうやってゴールに到達しようか？って知恵を出し合うパートナーだからね」と話していました。

校長だからってなんでも得意なわけはありません（そういう人もいるでしょうが、

私は違います。数字とかテクノロジーはどちらかというと苦手。だけど、いろいろな人と話したり、文章を書いたり、部屋の模様替えとか掃除とかは得意)。多様な人がそれぞれの得意を活かしながら前に進まないと、毎日毎日いろいろなことが起こる学校は潰れます。

だから、スクールリーダーと称される校長は、三角形のとんがった頂点に立っているのはやめて、下におりてくればいいのです。

単なる言葉かもしれませんが、私は教育現場に「お仕えする」なんて昔話みたいな言葉が生きていること自体、不気味に思うのです。

飛行機の機長と副操縦士の間には、「権威勾配という関係がある」と、とある雑誌のコラムで知りました。トップリーダーからその直属の部下への命令系統の角度がキツすぎると、失敗や不安を上司に報告しづらくなります。だって責められそうだから。そういうふうに上司が「えらい人」として君臨してしまうと、機械の不調やトラブルの予兆などの報告や具申をためらうようになり、重大事故につながってしまうという言葉です。

学校だけじゃありません。教育委員会事務局のオフィスのなかの権威勾配は大丈夫でしょうか。校長は教育委員会の言うことをなんでも聞かなければならない、という武家社会気質を持っている人もいますが、そこは法令を読むことで自身の権限がわかります。校長の権限ってとても大きいのです。おうかがいを立ててばかりいないで、自分の判断で学校を変えていくことができます。

パートナーの悪口を言うなかれ

友人の家に遊びに行ったものの、そこは夫婦仲が非常に悪い家だった……、もしくは、家族でいさかいが起きていた。これ、すごく気まずい。

変なたとえですが、校長が教頭の悪口を言っていたり、誰かの前で教頭やほかの部下のことを大声で叱っていたりしたら、すごく居心地悪くないですか。企業で同様のこと、つまり社長が副社長の悪口を言うのを聞いたら「あの会社、やばいかも」と思うのではないでしょうか。会社の評価、株価や売り上げにまで影響を及ぼしかねません。

ですから、教員同士の集まりで、校長が教頭の至らないところをしゃべったり、人前で教頭を叱ったりする場面などを見ると、ひやひやしてしまいます。それも、楽しいはずの宴席や食事会でそれを始めるなんて、もう、終わっているって思うのです。

教頭は誰よりもたくさんの仕事を抱えて、自分の命をすり減らすような働き方をしています。そして、「よい学校をつくりたい」という志を持つ勇敢な人たちです。そんな人にマウンティングしていい気分になっているように見られたら、トップリーダーとしての足元が揺らいでいるような気がします。たとえば外部の人に、自校の子どもや大人のダメなところを指摘されたら、校長はやる気になるでしょうか。人前で恥をかかされて、「もっとがんばろう」って思うんでしょうか。

人前で、それもたくさんの人が集まっている宴席などで、部下のことを叱り飛ばしている校長を見たことがあります。そのときの感想は「同情」しかありません。どんなミスをしたかは知りませんが、部下の方が叱られてもしょうがないなんて絶対思いません。

部下がミスしたら謝るのは上司です。人がいないところで、後から、なぜ起きたのか、これからどうしたら防げるのかを話し合えばいいことです。なぜ、校長が自分の価値を下げるようなことをやってしまうのでしょう。きっとあの校長のことを「ちいさいやつだな」と軽蔑している人は、ひとりやふたりではありません。そしてそういうことは消しゴムで消せないから、なかったことにもならないのです。

学校の大人たちの学び

●悉皆研修のモチベーション

私事ですが、私は幼少期に幼稚園になじめず、欠席をくり返したのちに中途退園したという、厄介な子ども、昭和40年代にすでに不登校のパイオニアでした。昔のアルバムを見ると、幼稚園の行事などの写真では笑顔が1枚もなく、けわしい表情です。写真に吹き出しをつけるとすると、「私、ここにいるのは納得できないんだよ」という感じでした。

昔飼っていた犬を予防注射に連れて行ったときのペットの顔もあんなでした。犬は散歩が大好きで、リードを取り出すと、狂喜乱舞し、勇気凛々という感じで玄関を出ます。当時は年に一度の予防接種のとき、町の公園の一角に保健所がテントを設置して、犬の予防注射を行い、終わったら「犬」と書かれたステッカーをもらい玄関に貼っていました。会場に犬を連れていくと、家を出るときはうれしそうだったのに、会場が近づくと異変に気づくのか、だんだん足が重くなります。遠くから他の犬の吠え声が聞こえたりすると、「行きたくない！」と地面に踏ん張って動こうとしません。

今でもごくたまに、そういう表情の人に出会うことがあります。忙しい時期に、たとえば年末や年度末ギリギリの繁忙期に、先生方の悉皆研修で集められた受講者のなかに、「ここにいるより、職場で仕事していたほうがいいな」と思っているんだろうな……という表情の人をお見かけするのです。ああ、ごめんなさい。私のせいじゃないけど、なんだかいたたまれない。

そして、自分も現職のとき、忙しい時期に悉皆研修が不便な場所で、駐車場も設置されていない会場で開催されて、そして講師のお話が「微妙」だったこともあるから、すごくよくわかるのです。

いろいろな機会をいただき、講師を務めたりすることがありますが、自分で希望して会費を払い参加するセミナーと異なり、「とにかく全員参加するように」というお達しのもとで開催される研修は、参加者も大変ですが、講師にとっても難易度が高い場となります。渋々参加した人にも「まあ、来てよかったかな」と思って帰ってほしいですから、いろいろ気をつかいますし、がんばります。

● 1回2千円の研修費を

新型コロナがいちおうの終結をみて、研修会もオンラインから集合型、または両方同時のハイブリッド型に戻ってきました。対面で双方向に交流可能な研修、受講者同志がつながりを持てる研修は、じーっと座って話を聞いている研修よりもずっと充実感が高いです。アフターコロナの今、研修のスタイルも昔ながらの講義スタイルから脱却したほうがいいと思われますが、やはり夏休みに開催されるのは、大きなホールで、集まった聴衆が講師の講演を聴くタイプが多いです。

妹尾昌俊氏の『校長先生、教頭先生、そのお悩み解決できます!』のなかで、香港の教育学者Yin Cheng氏による3つのパラダイムが紹介されていました。それによると、過去の工業化社会(第一の波)、商業・消費社会(第二の波)を経て、現在は第三の波、つまり生涯学習社会、グローバリゼーションと科学技術の進歩により変化が速い社会となっており、学校の役割は児童・生徒の将来にわたる多面的な資質・能力を育む機関であり、教師は児童・生徒の発達をファシリテートする存在とされています。

個別最適な学び、学習の自己調整、アンラーンとアップデート、学び続ける人づくりをめざす世の中においては、与えられるものを受けるだけではなく、自分でテーマを設定した学びを行い、さらに、学んだことを人と共有したり、熟議することで、異なる視点に気づき、深めることができます。

だけど、いまだに校内研修というと、授業研究（それが悪いと決めつけているわけではないですが）と指導方法の研修に偏りがちです。そうなると、学校事務職員や支援員、学校司書さんなどのティーチャーじゃない方々は「私は参加しても、意味がないのではないか……」と感じてしまいます。でもそれでは、多様な人たちと学び合う機会が少なくなってもったいない。それに、全員が同じ話を聞く講義型の研修よりも、さらに、多忙で内向きにならざるを得ない学校の職員の視点を外向きにするためにも、次のような研修ができたらいいな、と、妄想しています。そう、もしも私が教育長なら、こんな研修をしたいのです。

「1回につき2千円分の研修費を職員に出します。長期休業中に2～3件、各自が内容を決めて研修してください。教育書を1冊買って読むでもよし、映画を見るでもよし、有料セミナーに参加するでもよし。足が出た分は申し訳ないけど自腹でお願いします。そして、条件は、参加したらそのあとで職場の仲間などにシェアし、そのことについて対話してほしいのです」。

2千円って本当はちょっと足が出ますが、学びは本来、すこし身銭を切るほうが身につきます。なんでも与えられることに従順にならないことも必要です。でも、教育行政の方々には反対され、却下されるでしょうけど……。

研修から「学校の働き方改革」に話が飛びますが、タスクを減らして勤務時間を短縮することだけが「働き方改革」ではありません。つまり、それぞれの学ぶ意欲をリスペクトしてほしい。そして裁量とやりがいを奪わないでほしいのです。

子どもたちが「夏休みの宿題はこれ。計画的にやって夏休み明けに必ず提出するように」と言われることについて「それってどうなんだ?」という議論が生まれつつあります。では、学校の大人たちはどうでしょう? 自分は40年近く学校に勤めてきて、学校の先生は総じてまじめで、学ぶことが好きな人が多いと感じています。ただ、キャリアの途中で、理解してもらえなかったり、何かしらの軋轢があって意欲を失ってしまった人がいるのも確かです。

全員が知っていなければならない法令研修などは、ポイントを押さえて、簡潔に稼業日やオンデマンドで行いましょう。長期休業中は、学校の大人たちが、学ぶことの楽しさを体験し、その「楽しさ発見体験」を人とシェアし合う、そんな学びのほうが役に立つと信じています。「働き方改革」が時短、仕事の精選だけでなく、信頼と放牧を加えてくれて、学校の先生方が学ぶ楽しさを再発見できる機会を設けると、もっと働きやすくなるのにな、と思います。

第6章

保護者とともに

親だって、つらいよ。対立するなんてナンセンス

毎月発行する「学校だより」の表面には必ず、生徒と保護者に向けたメッセージを書きました。文案が浮かばないときは、ぎりぎりまでねばって、印刷する教頭さんには迷惑をかけます。でも、ぜったいこの仕事だけは渡さないもんね、とがんばりました。

読んでもらいたい対象は、中学生と保護者です。私は口が悪いので、ときどき各方面からお叱りを受けますが、「毒にも薬にもならないような話はしないし、書かない」と言っていました。

校長のあいさつって、長くて中身がない（ないわけではなくて、心に響きにくいの

です）ものの代名詞のように称されますが、配るからには読んでもらえるもの、読んでもらうにしても、今、中学校の当事者である、生徒、保護者、教職員に響いてもらいたいのです。そして、地域や地域外の人にも、この学校ってこうなんだ、と知ってもらえればなおよいです。

親だって、つらいのです。子どもがひとりか、その子が長男長女だったら、中学○年生の親は初心者マークです。何人も子どもがいても、ひとりひとり違います。だから、迷ったり憤ったり悲しかったり心配したり、親も一緒に心が揺れます。

ときどき、学校にクレームや意見を言ってこられる保護者の方もいます。とくに友だちとトラブルが起きている生徒の親御さんは心配でたまらないので、何とか解決しようと焦ります。そして、ときに学校に矛先が向きます。

「あの子を学校に来させないようにしてほしい」「今すぐクラス替えをしてほしい」「先生方が四六時中子どもの様子を交代で見守って接触がないようにしてほしい」というような要望もよく出てきます。

でも、それは子どもたちの自律を促すのでしょうか。子どもたちが傷つかないようにという配慮が、彼らの問題解決の力を奪っていることがよくあります。

私は、学校に苦情を言ってくる親御さんに、話を十分に聞いた後で「ゴールって、○○さん（子ども）が楽しく充実した学校生活、安心して学び生活できてほしいということですよね。それって、私たち学校の大人も同じ思いです。同じゴールをめざしている大人同士が対立してどうする？って思うんです。一緒に協力しながら見守っていきませんか？　もちろん親御さんとしては、学校の様子もわからないし心配ですよね。私たちも下校後のおうちでの様子は見えません。そのあたり、情報交換しながら、自分で解決できたと思えるような影の支援をしていきませんか？　協力しながら」とお話しします。

幸いなことに、今まで、まったく解決できなかったというケースがなかったのは、保護者の方も学校を信頼してくださったことと、最前線で子どもたちと向き合う教員や彼らを支える体制ができあがっていたことだとありがたく思います。こんなの校長がひとりで、教員がひとりで解決できることではありませんから。解決策は「対話」です。

以下は、私が書いた学校だよりに加筆修正したものです。テーマはその時期に考えてほしいことだったり、生徒との対話のなかで気づいたことだったり、いろいろです。

でも、ここに登場する中学生は全員ノンフィクション。私もリアルな今を生きる子どもたちに本心で伝えたいことを毎月書いていました。７年間で綴ったのは84編になります。そのうちの４編をここに。

学校便り――中学生と家族の方へ

以下に、私が書いた学校便りをご紹介します。

○「わたしたちにつけるラベル」

夏休み前の学校だよりのテーマは「命」です。

それは、夏休みが終わる時期に、全国で子どもや学生の自死者が増えるという統計があること、それから80年前には日本は戦争をしていて、たくさんの命が失われたことを忘れないでほしいという願いからです。

平和教育に関しては、今でもさまざまな考え方があることを知っています。歴史観はそれぞれです。でも、私の場合、シンプルに、親や家族の気持ちで、愛する子どもたちに死なないでほしいと願っている、ただそれだけです。イデオロギーも大儀名分もなく、大好きな人がいなくなるのが耐えられない。子どもは誰も大事に慈しまれるべき命だからです。

もしも、今ひとりぼっちと感じているなら、そばに寄り添いたい。あの子たちが生まれてきたからには、自分や他人を傷つけたり、投げやりになるときがあったとしても、誰かの助けを借りながら、乗り越えてほしいから。

この文章も、校長室で「○○に陰キャって言われた……」と傷ついていた子の一言が心に引っかかって書きました。

FLAGILEは大好きなSTINGの曲名でもありますが、私はNot flagile like a flower, but flagile like a bomb.（花のように壊れやすいんじゃない、爆弾のように危険なの）という一文が個人的に大好きです。座右の銘にしたいくらいに。

先週のアサリンピック（体育行事）では、朝里中生のはじける笑顔、はつらつとした活動を見ることができてよい時間でした。運動があまり得意ではない人や怪我や持病で運動ができない人も楽しめるようにと、生徒会が主体となって企画したこの行事は、人狼ゲームやUNOなどの頭脳ゲームもあり、それぞれの興味や得意に合わせて選択できるところが魅力です。全員が運動が得意だったり好きとは限らない。また、怪我や病気で運動ができないということもあります。自分以外のいろいろな人のことを考える、他者意識は大切です。

毎日の学びと生活の積み重ねが、朝里中生の成長になっていることを実感できました。

さて、理科の実験で使う薬品や調理実習で使う調味料のビンや袋には、なかに入っているものの名前が書いたラベルが貼ってあります。中身がわからないで実験や調理を行うのはとっても危険ですから、ラベルは重要。塩と砂糖を取り違えた量でお菓子をつくったら、とうてい食べられないものになるでしょうし、薬品だったら命にかかわりますから。

私たちは、ラベルが貼ってあると、その内容物を十分に確認せずに使いがちです。ラベルを読み違えたり勘違いすることもあるのに、なぜか確信して、あまり確かめることをしない。

同様に、日々生活しているなかで、他者に対しても、見えないラベルを貼る行為があります。最近よく聞く「陰キャ」「陽キャ」。30年以上前はアニメやゲームの熱狂的なファンを「オタク」と呼んでちょっと蔑む時代もありました。その後アニメは日本が世界に誇る素晴らしい文化となったので、オタクという言葉は悪い印象として使われなくなりました。

人に対するラベルのいかに多いことか。少数派に名前をつけて排除する行為は、長い歴史のなかで連綿と続きました。出自、容姿、性別、貧富、等。

ラベルを貼ったらその中身について、人は考えることをしなくなる。薬品は記号で表せる。塩は塩化ナトリウム、化学式はNaCl。でも、いきものは、人はそう簡単にすべてを定義できない。

ラベルを貼って価値づけ、格付けをして、その複雑で繊細な中身を考えることをしなくなる、そんなことのない人間でありたい。

人につけていいラベルは〝FLAGILE〟（フラジャイルと読みます）国際小包に貼られている「こわれもの」「取り扱い注意」という意味です。それともうひとつVALUABLE（貴重品）です。

楽しい毎日を。そして、生きること、命を大切に。ゆっくり自分や周りのことを考え続けられる夏休みでありますように。

○「副教科って言わないで」

さて、中学校にいて、10年前くらいから耳にする言葉「フクキョーカ」。何だろう？と疑問に思っていました。皆さん、聞いたことありますか？　自分でも使いますか？

「副教科」と書き、音楽・美術・技術家庭・保健体育のことを指すらしい。なぜ、私がこれらの言葉を知らないかというと、教育関係のどの法令にも、文部科学省が出している学習指導要領にもそんな言葉がない。つまり俗語（スラング）なんですね。

中学校で学ぶ教科のうち、授業時間数が多くて高校入試に筆記試験があるものが「主」でそれ以外は「副」というふうに考える人が多いのです。「主」は重要で「副」は補佐的なもの、という意味があるので、「副教科」はあまり重要ではない。という認識を持ち、子どもたちに伝える大人も多いのです。残念ながら。

今は、私たちや中学生の親御さんが子どもの頃と比べると、社会のあり方が大きく変わりました。それに伴い、世の中が求める人材も変わってきています。複雑で多様な世の中では、正解が決まっていて○か×をつけるだけで解決できる問題は少ない。知識をベースに、情報を集め、自分の頭で考えて、多くの人が納得できる答えを導くことが必要とされています。

だから、昭和の時代にはなかった「総合的な学習の時間」や「特別の教科　道徳」ができて、高校でも「総合的な探究の時間」が導入されました。東大王のクイズ番組のように、たくさんの知識があって、問われたことに対して素早く正解を導ける力も、かっこいいなぁ、と憧れるけれど、その知識を組み合わせて、考え、新たなしくみをつくっていかないと渡っていけない世の中になったのです。

柔軟な頭を持つ若い人たちは、学びに「主」とか「副」などと序列をつけたり、軽視しないほうがいいですよ、とアドバイスしたい。

今の中学1年生が高校3年生になり、大学入試共通試験を受けるときには、「副教科」と呼ばれていた技術・家庭で学んだ「情報」が受験科目になります。高校の「総合的な探究の時間」では、自分で問いを立てて研究し、自分なりの結論を導き論文を書くことが求められるでしょう。朝里中学校が総合的な学習の時間に、SDGsをテーマにして、生徒の皆さんが自分なりの問いを立て研究するのは、高校進学後の探究の時間にスムーズに移行できることを想定しています。

書店に行くと、『世界のエリートはなぜ美意識を鍛えるのか?』『13歳からのアート思考』などのアート系書籍や哲学、心理学の書籍が増えたと感じます。芸術や文学、哲学には正解がない。自分自身の、ものを見る軸をしっかり立てる。これまで以上に、正解のない問いについて考えることが必要だというメッセージなのでしょう。

勉強はひとりでするもの、と長い間思い込まれてきたけど、納得解を求めるために必要なのは人と学び合うこと。

学びのフィールドは広く、そこではたくさんの人との出会いがある。孤独にならない学びに踏み出そう。

○「失敗ウェルカム！」

不思議なもので、成長の真っただ中にある中学生と長年過ごしていると、「この時期によく起きるお悩みや人間関係のトラブル」というものがあるものです。中学生の彼らも自虐的に「俺たち厨2病」なんて言いますが、ときに制御不能な自分の機嫌と行動。とくに幼児期から小学校までに、「失敗しちゃいけない」と指導されている場合は、新しいことにチャレンジできない、他人の行動に対して厳しい評価をする、妬みからの悪口、など「こじらせ系困りごと」が起きがちです。

私が学校だよりにくり返し書くネタがいくつかありますが、この「失敗ウェルカム」もそのひとつ。これは教職員も必ず読みます。「先生だってまちがってもいい」「親だって失敗することもある」と伝える目的もあります。失敗に不寛容になると、連帯責任や他者批判、同調圧力など、人がハッピーにならない動きが学級のなかや職員室にも生まれますから。

ときどき「友だちができない……」というお悩みを打ち明けてくれる中学生がいます。私は「あのさ、誰かと仲よくなるときにはね、自分とか自分の家族のすごいこととか自慢できることとかはしまっておいて、自分の苦手なこととかちょっとした失敗なんかを、おずおずと話すのをお勧めするわよ。もしも、あなたの苦手が相手の得意だったら『すごーい！　ねえ、今度教えて』と興味をもって賞賛できるし、相手も苦手だったら『えー？　おんなじだ！　仲間がいてよかった！』と喜べばいい。くれぐれも苦手なことや嫌いな『人』を話題にしちゃだめよ」なんて話します。あと、「みんながドン引きするようなデカい失敗も最初から出さないほうがいいよ」と。不思議と中学生の顔はちょっと明るくなるのです。

学校行事が天候にも恵まれ、保護者の方々にも多数のボランティア協力をいただき、成功のうちに終了しました。

コロナ禍で、今までできていたことができなくなってがっかり……と言う人もいますが、行事の目的は日常の授業ではなかなか体験できないこと、たとえば大人数で何かをするとか、授業とは異なる取り組み・体験などを通して、他の人たち、他の学年の姿から学びを得ることです。目的は達成できました。去年や今までのやり方にとらわれず、手段はいろいろあっていいのです。マイナスと思っていたことが、実はプラスに転じた、ということは人生よくあることです。

さて、今年度も半ばを過ぎ、学級や学校にも慣れたものの、悩み事がさまざま出てくる時期です。友だち、学業、先生や家族との人間関係、卒業後の進路、部活動や習い事等々。

「この頃、叱られてばっかりだ。なんで俺ばっかり」

「自分なりにはがんばっているのに、なぜ成果が出ないの？　なぜ親や先生は私を認めてくれないんだろう」

「最近〇〇ちゃんと以前のように仲よくできない。あんな言い方しなくてもいいのに……」

そんなつぶやきを心の中にしまって毎日過ごしている人もいれば、その場の雰囲気からついつい言い過ぎたり、よくない態度をとり、口喧嘩に発展し……ということもある。

「どうせわかってくれないんだ」とすねてみても、心が穏やかになることはない。

心とか気持ちというものは不思議なもので、自分でもよくわからなくなることが多いのです。大人だって、自分の気持ちをコントロールするのは、なかなか大変です。

大人だから、自分のことが何でも自分でわかる……なんてことは、ない。

親や先生に叱られる、友だちとトラブルになる、どちらもあまりハッピーなことではないのだけれど、そんな失敗にもよい失敗と悪い失敗の二種類があって、よい失敗なら今のうちにしたほうがいいのです、絶対に。

よい失敗は、このことを経験して、自分以外の人の気持ちがわかった。相手の考えはわかった（共感できるかどうかは別にして）。たくさん悩んだり考えたり泣いたり悔しがったけど、「なるほど、この人はこんなふうに考えていたんだ」「もしかしたら、自分にもこんなところがあったかも」。そう気づいて、ちょっと自分の考え方や言い方や行動を変えてみようかな、と思えること。実際人間はそんなに簡単に変われないから、くり返すこともある。でも「今失敗しておいてよかったね」と私はいいます。マイナスがプラスになる瞬間、オセロの石がひっくり返る瞬間です。

逆に、悪い失敗とは？　もうお気づきでしょうが、なんでも誰かのせいにして自分と向き合うのをやめること。悪い失敗を続けると「自分を不幸にした誰か探し」で人生を無駄遣いしてしまう。

失敗しても、私たちは君たちのことが大好きですから安心して。「失敗WELCOME」よき失敗を!

○「かかわり方を学ぶ場所　だからカカワルナって言わないで」

「かわいい子にはケンカをさせよ」なんて言うと叱られそうですが、複数の人間が生活しているなかで意見の食い違いや感性の違いなどからトラブルが起きるのは当たり前。

中学生は家庭でも、イライラとげとげしていて、本当に厄介だ!と思われている親御さんもいらっしゃるだろうから、そのあたりはご理解いただけるはず。

でも、問題は学校で人間関係のトラブルが起きたその後のこと。

わが子のこと、心配ですよね。これが後を引いていじめに発展したらどうしよう、いや、もしかして今日のこの出来事がいじめの一つであり、今まさにうちの子はいじめられているの？

泣き顔で帰ってきて部屋に閉じこもっているわが子やケンカしてたんこぶつくってきたわが子を見ると心配だし、相手の子に腹が立つし……。ケガさせてしまったのがわが子だったら、情けないし、途方にくれます。で、担任から電話や訪問を受けて顛末を知り、相手方に謝罪をと連絡をするものの「謝罪にいらっしゃらなくてもけっこうです。それより、金輪際うちの子にかかわらないで！」と言われたりする。「ケガをして受診したのなら医療費を負担させてください」と申し出ても「けっこうです。もうかかわらないで」。

こうなると、実は当事者である子どもたちがとっても困るのです。話し合いをすることも、修復する機会もなくなってしまうから。トラブルや失敗は学びの宝庫なのですが、その対立関係が子どもから大人に場面が移ってしまうと、当事者同士の和平交渉ができなくなってしまって、学校が暮らしにくい場所になってしまうのです。

私は「学校も、ご家庭も、子どもが楽しく学校生活を送ることを願っています。どの子の親御さんご家族も、どの学校職員もそう願っています。同じ思いを持っている人同士が、対立するのは変な話です。子どもを真ん中にして、かれらが安心して学び生活できる空間に生きるために、サポートしたり協力し合ったりすることを考えませんか?」とお話します。

カッとなって振り上げたこぶしをどう降ろすか。大人でもけっこうむずかしい問題ですが、中学生は当事者として、どうおさめるか、この学びは大切です。必修科目って感じです。

わが子が友だちとケンカする。あの子がうちの子に嫌なことを言ったりしたりする。幼い頃はよくある出来事。幼稚園や保育園、小学校で、ケンカしながら成長する。しかし、中学校に入学して、またそんなトラブルに遭遇すると、親としては困り、そしてついつい言ってしまうのです。「あの子とかかわるんじゃないよ」と。私も経験があります。

でも、子どもにとっては、そんなこと無理です。大人は簡単に言ってしまうけど。だって、大人は、苦手な相手がいても、同じ職場でもなく、たまに学校行事や買い物に行ったスーパーで遭遇するくらいだから、かかわる機会は少ない。だから、もし出会っても、気づかぬふりをして通り過ぎたり、簡単に挨拶するくらいでやりすごすことができるのです。

けれども、子どもたちは狭い学校という空間にほぼ毎日一緒に生活しています。クラスが違っても休み時間の廊下で、体育館で、保健室で、そして学校行事で、毎日どこかで顔を合わせる可能性は高い。親に「かかわるな」と言われた子どもたちは、一生懸命言いつけを守ろうとします。だって、またいざこざがあったら「だからかかわるなって言ったでしょう!」って親が怒るから。

でも、かかわらないなんて可能でしょうか?

学校のなかでは、同じ班になったり、委員会が一緒だったり、部活動が同じだったりします。

かかわらないようにするために、接触を避ける。つまり、あいさつをしない。消しゴムを落としても拾ってやらない。極力口をきかない。行動範囲も重ならないように気をつかう、それでも、偶然廊下の角で、出会いがしらに遭遇したり、すれ違ったらつい眉をしかめたり、友だちと目配せしちゃったりすることもある。

誰かを避けようとして生活するのは、不自由で、居心地が悪くて、くたびれる。

そして、そこに漂う、なんとも冷たい空気は、周りにも伝染する。集団のなかに、仲たがいしたり、反目しあっている二人がいると、他の人だって、自分は当事者ではないのだけど、なんだか居心地が悪いのです。

そんな冷たい空気が、「無視」や「聞こえよがしの言葉」になっていくのに時間はかからず、「いじめ」に変化していくのです。新たなトラブルを起こさないために、距離をおいたはずだったのに、いつしかあなたは「いじめをした人」になってしまっている。

じゃあ、どうすればよかったのだろう。朝里中の生徒、そして保護者の皆さんにも一緒に考えてほしいことです。

私は、気持ちのすれ違いやいさかいが起きたときには、当事者同士の対話なしで解決することは不可能と思います。対話して、自分のことをふり返り、悪いところは謝る。大人に謝れと言われて頭を押さえつけられて下げるのではなく、自分で考えて、自分にも至らぬところがあったな、と気づいたら、自分の言葉で伝える。

中学生のうちに、問題解決する方法を学んでおいたほうがいい。もちろん、口下手な人もいるだろうし、関係がよくない相手と一対一で話すなんて、かなりピンチな状況に感じるでしょう。

だから私たち学校の大人は、皆さんの「通訳」として、互いの言葉を誤解なく伝え合うためのお手伝いをしたり、話のナビゲーター役をすることもあります。

「かかわらない」から「どうかかわるか」に変えよう。

日本では、「人に迷惑をかけないようにしなさい」と言われることは多い。一方、他国では「人間、生きていれば、誰かに迷惑をかけてしまうもの。だから人を許しましょう」という言葉がある。

10代の今は、「かかわらない」ではなく「人とのかかわり方を学ぶ時期」なのです。この学びは、一生効きめがあります。未来を生きる彼らのために「かかわるな」は封印したいですね。

子どもたちへの言葉
令和5年度卒業式　校長式辞

卒業式の校長の式辞は、学校での最後の授業と言われます。いつも卒業式ギリギリまで迷います。どんな言葉で伝えようか、と。

でも、どんなに考えても、言いたいことはひとつだけ。祈り、みたいな「幸せをつかめ」です。


春の光に溶けた雪が、清い水となって朝里川を流れ、海にそそぐ。海ではニシンの群れ、群来が海面を白く染めている。今年もこの地に春がきました。

自然豊かな朝里の地で育ち、学び生活し、本日中学校の卒業証書を手にされたみなさん、おめでとうございます。

卒業の今、私は皆さんに問いたいことがある。この学校、朝里中学校の生徒で、よかったですか。この3年間は、大事なものが詰まった時間だっただろうか、と。

3年前、皆さんが中学校に入学した日のことを覚えています。雨が降りそうな肌寒い日でした。新型コロナ感染防止のために親御さんも家族の人も、地域の方も、この会場で入学を祝うことができず、新入生と私たちだけの入学式でした。不安そうで、傷ついたようなまなざしのあなた方とここで出会いました。そして、ほどなく学校はまた臨時休校となり、中学校入学直後、学ぶ意欲でいっぱいだったあなた方は、自宅で過ごすことになりました。桜咲くのどかな日も、外で遊ぶこともはばかられたあの春、大人も子どもたちも不安でつらかった日々。

大きな声で笑いあったり、思い切り歌を歌うことができない。楽しく会話しながら食事ができない、いつもマスクをしていたから、相手の表情がよくわからない。そんな時間が続き、いつのまにか自分の素顔をさらすのをためらうようになってしまった、この国の子どもたち。

私たち学校の大人は、今でも迷い、悔い、考え続けています。成長真っただ中のあなた方に強いたことは正しかったのだろうか、と。大事なものを失わせてしまわなかっただろうか、と。同時に、将来、「あの人たちはコロナ世代だから、いろいろなことが身についていない」と言われないように、なんとかしたいという気持ちを持ちできる限りのことを、工夫してきました。

あなた方も先生方と一緒に、つらい日々のなかでもチャレンジを続ける姿をみせてくれました。今まで経験したことのないことに出会ったときに、前例にとらわれずに考え、最適な行動をとること。「できない」とあきらめずに「べつの方法はないかな」と考え挑戦する姿を何度も、そのくり返しの3年間だった。失敗もしたけれど、失敗は学びのチャンス、と考え、立ち上がって歩き出す姿を見ました。

1年生のとき、人との距離をとらなくてはならないから文化祭をあきらめる学校が多いなか、それなら学校よりうんと広い市民会館でやったらどうか、と午前中は市内散策、午後から市民会館に集まって行った1年生のときの生徒祭。あのときは保護者の方がたくさん協力して、町の中のチェックポイントに立ってくださった。

学校生活をもっと生徒主体にできないかと考え、話し合って変えた校則や行事のやりかた。自分たちでルールをつくって、スマホ持参で行った修学旅行、勝ち負けよりもみんなが楽しめる行事にと工夫を重ねたアサリンピック、自分のやりたいことを自由に表現する文化祭でのアサリンフェスなど、あなた方が考え、つくってきた素晴らしい財産がこの朝里中学校にたくさん残りました。

学校教育目標の自律・承認・創造を絵に描いた餅にしないため、たくさんのことを君たちに委ね、信じて任せて考えさせてくれた先生方、苦しかったときに、励ましてくれた、心配してくれた家族や仲間。そうやって重ねた日々のなかで、君たちは成長し、人の痛みを感じ取り、感謝することができる、優しい目をした若者に成長したこと、それを今喜びたい。

明日からそれぞれの進路に進む皆さん、そのあともその先も、ゴールだと思ったらスタートだったと気づくさまざまな節目を経ていくことでしょう。どうか、この朝里中学校よりももっとよいと感じる場をつくってください。

もう、わかっているかと思うけれど、この国は、世界は理想郷ではない。今も戦争が続く国がある、大きな災害に見舞われたたくさんの人が亡くなった。何も悪いことをしていないのに命を脅かされ、家族や愛する人と離れ離れになり人権を踏みにじられる人がいる。理不尽なこと、格差、貧困、さまざまな問題がある。自分ひとりの力じゃ、何もできないと思うこともあります。

非暴力不服従をつらぬき、インドを独立に導いた哲学者、ガンジーはこんな言葉を残しました。

「あなたがすることのほとんどは、無意味なことかもしれないけど、それでもしなくてはなりません。それをするのは、世界を変えるためではありません。世界によって、自分が変えられないようにするためであります」

そして「よいことはカタツムリのようなスピードで進むんだよ」と。

あなたが好きなこと、得意なこと、大切にしたいことは誰になんと言われようと手放さないで。自分が人と違うことに悩む必要はない。あなたが他人と違って当たり前、誰かが自分と違っていても当たり前。

憧れや目標を持っていい、だけど人と比べてできる・できないとか、自分はだめだとか、勝手に思い込んで絶望しちゃだめ。私たちは君たちのこと、ひとりひとり本当に大事に思っている。だからこの先も、立派じゃなくていいから、生きて生き続けて、小さな幸せを感じられて、もしかしたら小さな幸せを誰かに与えられる、そんな生活を続けてください。
もしもこの先、つらいことや困ったことができたら訪ねておいで。あなた方は中学生でなくても、地域の高校生、地域の若者です。いつでも支えたいと思っている大人が、たくさんいます。どうか、忘れないでください。

結びになりましたが、本日ご臨席の保護者、ご家族の皆様、お子様の卒業おめでとうございます。いままで、この学校を支えてくださったことに心より御礼申し上げます。

子どもを育てるなかでは、言葉にできないご苦労もあったと思います。親は、自分のつらさや悲しみを子どもに見せずにひとりでがんばろうとします。でも、この子たちは、言葉には出さないけれど、親や家族のことを案じて、頼りにして、理解しようとしていた様子がよくわかります。

15年にわたり、大切にはぐくんできた命、飛び立つには翼がまだ小さく、うまく飛べません。この先もご家庭はもとより、この地域一体となって励まし支えてくださることを願ってやみません。

卒業生のみなさん、よい仲間をつくって、楽しい旅を。
行ってらっしゃい。

令和5年3月15日

小樽市立朝里中学校長　森　万喜子

おわりに

管理職の仕事は、たとえはよくないけど、前線で戦う人たちを後方で、俯瞰的に見て、必要なリソースを支援し、適切な方向性を示すこと。「プレイヤーじゃなくてマネージャーである」とよく言われます。原則として正しいことだと思います。

でも、学校経営は、子どもたちから目線を外すことではありません。

昭和の昔、テレビドラマのなかの父親は、妻に向かって「家庭のこと、子どものことはお前に任せてあっただろう！（だからちゃんとやれ。俺に迷惑をかけるな）」と言う場面がありました。今、これを言ったら大ひんしゅくですが。

校長になったからといって、「三角形のてっぺんに君臨して、いばってちゃダメ」「教職員を信頼して任せるけど、大事なところを見落とさないことが大事」だと感じます。マンガ『ゲゲゲの鬼太郎』（水木しげる）では、鬼太郎が妖怪の気配を感じると髪の毛が逆立ちます。あんなセンサーが必要なのです。さまざまな職種のプロはそれぞれに感度のよいセンサーを持っています。

職員室で孤立している職員はいないか、教室がつらい子どもはいないか、3日連続で欠席している子どもがいるけど、どうしたの？　学校納入金が滞りがちな家庭があるけれど、何か困った状況になっているのではないか、公的な支援とつなげてあげられないか？　学校を休みがちな理由は大人が言うとおりなのか？　本当は異なる要因があるんじゃないの？

先般、とある自治体の不登校支援団体が行った「不登校の本当の理由」が報道されていました。理由のなかで多かったのは、「先生のこと」。そのほかにも「先生が誰かを怒るのを見るのがしんどかった」という回答もありました。調査数が多くないので、これだけがすべてとは断言できませんが、少なくとも、学校に来ない児童・生徒が抱えている問題は、子ども自身のことだけではないことは私たちにもわかります。彼らが学校に来ないのは、けっして本人の「無気力・不安」「友人関係・学力の問題」だけじゃないことは、専門家ならわかるはず。

学校は温かい場所であるべき。

親でも親戚でもない大人が、自分の存在を喜び、歓迎してくれる場所。困ったときに親身に話を聞いてくれる人、失敗を責めないで、「学びになったね。ちょっとしんどかったけど、結果的にはよかったよね」と次のステップに踏み出すことを応援してくれる人。学校にはそんな大人たちがいる場所であってほしい。

だから私は校長をしているときには、ときには介入しました。担任と子ども、担任と保護者の関係がうまくいかなくなった場合、ほかの教職員が入って組織的に対応するのが大事です。けれども学校現場を見ていると、その余白というか余裕もなくなっているのは肌感覚でわかります。職員室のなかに伝統的に培われている、学級担任が第一の責任者であり、それ以外の人が介入するのははばかられるという空気は根深いです。そして、専門家であるスクールカウンセラーやスクールソーシャルワーカーは学校に常駐していないので、結局担任が担うしかなくなる。

私が教職生活を最後に送った朝里中学校で何よりもありがたかったのは、「誰か困っていない？」という言葉で生徒を見つめ、自分のクラスや学年にこだわらずに、困っている生徒に手を差し伸べてくれる職員集団が形成されていたこと。教室に入れない子が自分で居場所を選べる、学校内どこに行っても「ここはあなたが過ごす場所じゃないから教室に戻りなさい」とは言わない。「ここにいていいけど、このプリントは必ずやってね」と無理に条件をつけたりしない。あるときは事務室で、または特別支援学級で、校長室で、理科準備室で、美術室で、学校のなかに、あなたの居場所がある。

学校はもっと温かくて、ゆるくて、いい。

手を伸ばして、顔を見て、支えられる距離感でしか、なかなか私たちはあなたを元気にする方法がない。だけど、もしも同じような学校があちらこちらに増えたら、うつむいて、つらい思いを抱えている子どもたちは減るのではないかしら、と思っています。

公教育はローカルで、ドメスティックな場所だけど、大人たちの意識と行動を変えることで、子どもたちはチャンスをつかんで、広い世界に飛び出していける。タンポポの綿毛みたいに。

本書の完成までに長い時間を要したのは、ひとえにわたしのだらしなさでした。根気強く待って、はげましてくださった教育開発研究所の岡本淳之さんには全幅の信頼を寄せているし、これからもご指導いただきたいです。

それから、素敵なイラストを描いてくださった福田利之さんにも心からの感謝を伝えたいです。大海原に果敢に漕ぎ出す子ども・大人・動物、このイラストを見て、友人は「子どもが主語の学校こそが、現代のノアの方舟なのかもしれない」と、またある友人は「七福神みたいに、子どもが主語の学校の時代、新しい時代がやってくるのを想像する」と言ってくれました。デザイナーの上坊菜々子さん、帯にコメントをくれた生徒のみなさんも、たくさんの人のおかげでできあがりました。

そもそも学校だって、誰かひとりの力でよくなったり、悪くなったりしない。たくさんの人がかかわって、知恵を出し合い、汗をかいてできるものです。

春先、北海道は積もった雪がとけると、ごみが目立ちます。新学期が始まる前に校舎周りのごみ拾いを職員全員でしたこと、夏、学校図書館から古い書籍を省き、白いペンキで模様替えしたこと、中庭にまいたコスモスが秋に花をつけ、学校の菜園には野菜が実る。学校運営協議会が企画し、地域の方々と一緒に行った避難所開設訓練や映画上映会、音楽ライブ、たくさんの試みを楽しんでできました。だから、すてきな学校のことを、同じ時間を過ごした人たちと分かち合いたい気持ちで書きました。

校長室でほとんどの時間を過ごしていたかつての中学生は、その後、高校や大学に進み、または専門職に就き、自分のやりたいことを見つけて輝いています。国家試験を突破して、看護師として活躍しているあの子、大学でテクノロジーを学び、将来プログラマーになりたいと語るあの子、高校で自己表現の方法を見つけ、目を輝かせているあの子。

この国では、みんなとっても駆け足、急ぎ足です。高校を卒業したら、なるべく浪人せずに大学生にならなくちゃ、22歳か23歳で大学を卒業して就職しなくちゃ、就職したら○○歳くらいまでに結婚しなくちゃ……と、多様性の時代と口では言いながらも、「みんなと同じ」「ふつうは」と、平均値のなかにいなくちゃ、ととらわれているように見えます。

でも、そんなのたいした意味はない。自分のペースで成長していって、人に助けてもらったり、手を貸してあげながら、自分の幸せをつかんでいったらいいんです。

学校に行けなきゃ将来は暗い？　そんな「命令文＋or」な思い込みから自由になろう。学びは一生つづくもの。

私は今日もいつも、これからもずっと、語りかけていきたいです。

森万喜子

〈参考文献〉

工藤勇一『学校の「当たり前」をやめた。――生徒も教師も変わる！公立名門中学校長の改革』時事通信社、2018年
野口芳宏『心に刻む日めくり言葉　教師が伸びるための　野口芳宏　師道』さくら社、2011年
石井遼介『心理的安全性のつくりかた』日本能率協会マネジメントセンター、2020年
苫野一徳『どのような教育が「よい」教育か』講談社、2011年
苫野一徳『「学校」をつくり直す』河出書房新社、2019年
工藤勇一・苫野一徳『子どもたちに民主主義を教えよう――対立から合意を導く力を育む』あさま社、2022年
川上康則『教室マルトリートメント』東洋館出版社、2022年
『教職研修』編集部編『校長の挑戦』教育開発研究所、2022年
入山章栄『世界標準の経営理論』ダイヤモンド社、2019年

マーチン・F・クレフェルト著、佐藤佐三郎訳『補給戦――何が勝敗を決定するのか』中央公論新社、2006年
妹尾昌俊『校長先生、教頭先生、そのお悩み解決できます！』教育開発研究所、2023年
日渡円・葛西耕介編著『6つのプロセスで理解する令和の学校マネジメント――自律的学校経営を実現するために』学事出版、2023年
めがね旦那『困難な教育――悩み、葛藤し続ける教師のために』学事出版、2023年
藤原和博『校長先生になろう！』日経BP社、2007年
朴沙羅『ヘルシンキ　生活の練習』筑摩書房、2021年
平川理恵『クリエイティブな校長になろう――新学習指導要領を実現する校長のマネジメント』教育開発研究所、2018年
ヴィニート・ナイアー著『社員を大切にする会社――5万人と歩んだ企業変革のストーリー』英治出版、2015年
アメリア・アレナス著『みる・かんがえる・はなす――鑑賞教育へのヒント』淡交社、2001年

[著者紹介]

森 万喜子（もり・まきこ）

1962年生まれ。北海道出身。北海道教育大学札幌校特別教科教員養成課程（美術）油彩画専攻卒業、兵庫教育大学大学院教育実践高度化専攻教育政策リーダーコース修了。千葉県千葉市、北海道小樽市の中学校で勤務。2016年～2023年、北海道小樽市立中学校長。本質に根差したシンプルな学校経営を行う。2023年、『Forbes JAPAN』の「イノベーティブ・エデュケーション30――子どものウェルビーイングを実現する変革者たち」に選出される。著書に『学校と社会をつなぐ！』（学事出版、2021年、共著）、『校長の挑戦』（教育開発研究所、2022年、共著）。

「子どもが主語」の学校へようこそ！

2024年２月1日　初版発行
2024年10月1日　第2刷発行

著　者………………森 万喜子
発行者………………福山 孝弘
編集担当……………岡本 淳之
発行所………………株式会社教育開発研究所
〒113-0033　東京都文京区本郷2-15-13
TEL：03-3815-7041／FAX：03-3816-2488
https://www.kyouiku-kaihatu.co.jp
装幀デザイン………上坊 菜々子
カバーイラスト……福田 利之
デザイン＆ＤＴＰ…しとふデザイン（shi to fu design）
印刷所………………中央精版印刷株式会社

ISBN 978-4-86560-580-8